Holger Mittelstädt

# Musik

POCKET TEACHER

**Download: PowerPoint-Referat**

1. Rufe die Internetseite auf:
   www.cornelsen.de/pocket-teacher
2. Gib den Webcode ein: **PT227877**

Cornelsen
SCRIPTOR

**Der Autor:**
Holger Mittelstädt ist Musiklehrer und Schulleiter in Brandenburg, Autor zahlreicher pädagogischer Bücher und Aufsätze sowie in der Lehrerfortbildung tätig.

Bildnachweis: S. 85–109: © 1978 by Deutscher Verlag für Musik, Leipzig; alle Porträts: Klaus Müller, Berlin.
Für die neue Ausgabe wurde der Band vollständig aktualisiert und erweitert.

www.cornelsen.de

**Bibliografische Information:** Die Deutsche Bibliothek verzeichnet diese Publikation in der Deutschen Nationalbibliografie; detaillierte bibliografische Daten sind im Internet über http://dnb.ddb.de abrufbar.

Dieses Werk berücksichtigt die Regeln der deutschen Rechtschreibung, die seit August 2006 gelten.

5. 4. 3. 2. 1. Die letzten Ziffern bezeichnen
13 12 11 10 09 Zahl und Jahr der Auflage.


Projektleitung: Anja Sokoll
Fachberatung: Gernot Adrion, Hohen Neuendorf
Redaktion: Gabriele Teubner-Nicolai, Berlin
Redaktionelle Neubearbeitung: Das Lektorat, Monika Kopyczinski, Berlin
Reihengestaltung: Magdalene Krumbeck, Wuppertal
Satz und Layout: Beate Schubert und Torsten Lemme, Berlin
Notensatz: Uta Eickworth, Berlin
Herstellung: Uwe Pahnke, Berlin
Umschlagentwurf: Patricia Müller und R. J. Fischer, Berlin
Druck und Bindearbeiten: CPI – Clausen & Bosse, Leck
Printed in Germany
ISBN 978-3-589-22787-7

Gedruckt auf säurefreiem Papier,
umweltschonend hergestellt aus chlorfrei gebleichten Faserstoffen.

# Inhalt

# Vorwort

**Liebe Schülerin, lieber Schüler!**
Der handliche POCKET TEACHER bringt dir viele Vorteile: Er informiert knapp und genau. Regeln, Erklärungen, Notenbeispiele, Abbildungen, Personen – alles ist übersichtlich geordnet und leicht verständlich.

Du kannst die gewünschten Infos am schnellsten über das Stichwortverzeichnis am Ende dieses Bandes finden. – Stichwort vergessen? Dann schaust du am besten ins Inhaltsverzeichnis und suchst im entsprechenden Kapitel nach dem Wort.
Im Text deines POCKET TEACHERS findest du viele farbige Pfeile. Diese verweisen auf andere Stellen im Buch.

**Teste dein Wissen!** Am Ende jedes Kapitels werden die wichtigsten Inhalte in einer Checkliste abgefragt. So kannst du dein Wissen schnell testen. Entdeckst du noch Lücken, dann gibt es hier Hinweise, welche Seiten du noch einmal genau lesen solltest.

Der POCKET TEACHER Musik gibt dir einen Überblick über die Grundlagen der Musiktheorie und er fasst die Entwicklung der Musikgeschichte bis hin zu Hip-Hop und Techno zusammen. Darüber hinaus werden die wichtigsten Instrumente, musikalischen Formen und Komponisten vorgestellt.

Natürlich kann die POCKET-TEACHER-Reihe ausführliche Schulbücher mit Übungen und Beispielen nicht ersetzen. Das soll sie auch nicht. Sie ist deine Merkhilfe-Bibliothek für alle Gelegenheiten, besonders für Hausaufgaben und für die Vorbereitung von Klassenarbeiten und Abschlussprüfungen.

# Musiktheorie

## 1.1 Notensystem, Notenschlüssel, Notennamen

Musik wird heute üblicherweise in einem **Notensystem** notiert. Dieses Notensystem besteht aus fünf Linien und den Räumen, die dazwischen liegen. Die Noten können auf den Linien oder zwischen den Linien liegen. Noten oberhalb oder unterhalb des Notensystems brauchen Hilfslinien, damit man genau erkennen kann, welcher Ton gemeint ist.

Am Beginn des Notensystems steht der **Notenschlüssel**. Es gibt verschiedene Notenschlüssel, die gebräuchlichsten sind für höhere Tonlagen der Violinschlüssel (auch G-Schlüssel) und für tiefere Tonlagen der Bassschlüssel (auch F-Schlüssel).

Der **Violinschlüssel** beginnt bei der Note g', der **Bassschlüssel** bei der Note f.

Die gebräuchlichsten Noten sind diese:

Es werden nur sieben unterschiedliche **Notennamen** verwendet. Diese bezeichnet man als **Stammtöne**: c, d, e, f, g, a, h.

> **Die Noten, die auf den Linien liegen, kann man sich mit diesem Satz merken:**
> Circus endet ganz humorvoll durch fliegende Akrobaten.
> (Der erste und letzte Ton liegen jeweils auf der ersten Hilfslinie.)
>
> **Die Noten, die zwischen den Linien liegen, kann man sich mit diesem Satz merken:**
>
> Hugo, der Fischer, angelt circa elf große Haie.
> (Der erste und letzte Ton liegen jeweils unter bzw. über der ersten Hilfslinie.)

Um genau zu kennzeichnen, in welcher **Lage** sich ein jeweiliger Ton befindet, werden je nach Tonhöhe Striche an die Notennamen gesetzt. Das eingestrichene c' befindet sich im Violinschlüssel immer unterhalb der untersten Notenlinie auf der ersten Hilfslinie.

Lagen

- c''' = dreigestrichenes c (c''' bis h''': dreigestrichene Oktave)
- c'' = zweigestrichenes c (c'' bis h'': zweigestrichene Oktave)
- c' = eingestrichenes c (c' bis h': eingestrichene Oktave)
- c = kleines c (c bis h: kleine Oktave)
- C = großes C (C bis H: große Oktave)
- C, = Kontra-C (C bis H,: Kontraoktave)
- C,, = Subkontra-C (C,, bis H,,: Subkontraoktave)

Statt des Striches oben oder unten am Notennamen können auch hoch- und tiefgestellte Ziffern verwendet werden, z. B.:

g''' = $g^3$
g'' = $g^2$
G,, = $G_2$
G,,, = $G_3$

Der **Bassschlüssel** wird verwendet, wenn tiefe Stimmen oder Musikinstrumente notiert werden.

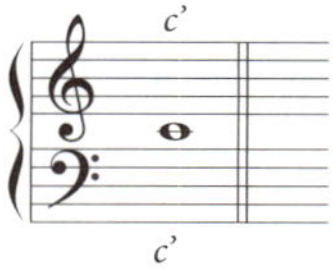


Das c' im Violinschlüssel befindet sich unterhalb des Notensystems auf der ersten Hilfslinie. Im Bassschlüssel befindet es sich oberhalb des Notensystems auf der ersten Hilfslinie.



Die **Stammtöne** sehen im Bassschlüssel so aus:

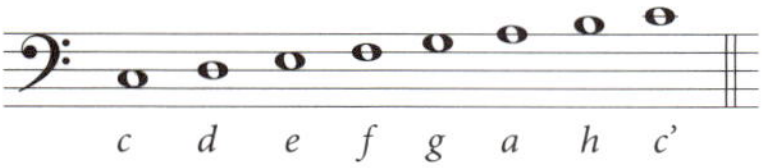


## 1.2 Vorzeichen, Auflösungszeichen

Die Tonhöhe der Stammtöne c, d, e, f, g, a, h kann durch Vorzeichen um einen halben Ton erhöht oder erniedrigt werden. Grundsätzlich gilt:

**Das Zeichen ♯ (Kreuz)** erhöht die folgende Note um einen Halbton.
Wird der Ton erhöht, so wird dem Notennamen die Silbe „-is“ angehängt. Der Ton „c“ mit ♯ wird zu „cis“.

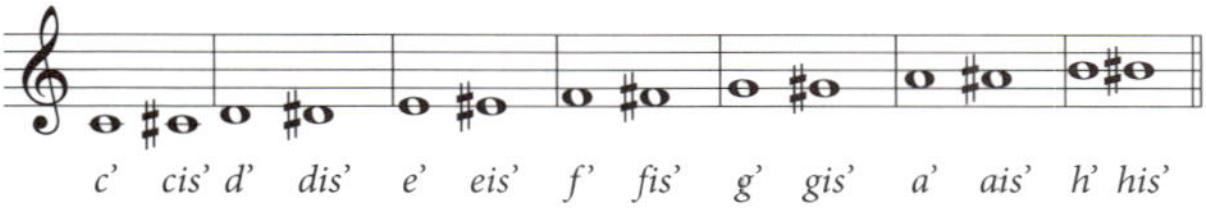


**Das Zeichen ♭ (B)** erniedrigt die folgende Note um einen Halbton.
Wird der Ton erniedrigt, so wird dem Notennamen die Silbe „-es“ angehängt. Der Ton „g“ mit ♭ wird zu „ges“.

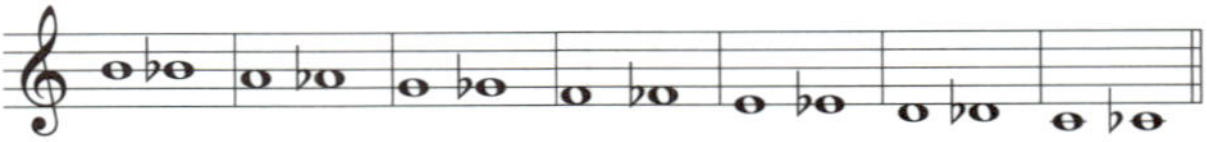

*h' b' a' as' g' ges' f' fes' e' es' d' des' c' ces'*

**ACHTUNG** Bei der Bezeichnung mit ♭-Vorzeichen gibt es einige Ausnahmen:

- **a** „e“ mit ♭ wird zu „es“
- **b** „a“ mit ♭ wird zu „as“
- **c** „h“ mit ♭ wird zu „b“

**Das Auflösungszeichen** ♮ hebt das vorher vor den gleichen Ton gesetzte Vorzeichen auf.
In folgendem Beispiel wird zuerst ein „b'“ gespielt, drei Töne später wird durch das Auflösungszeichen aus dem „b'“ ein „h'“:

Für welchen Komponisten steht dieses Notenbeispiel? (Tipp: Bezeichne die Notennamen!)

Generell gilt: Steht ein Vorzeichen ganz am Anfang des Notensystems, so gilt es für die gesamte Zeile. Steht ein Vorzeichen innerhalb eines Taktes, so gilt es nur für diesen Takt. Letzteres gilt auch für Auflösungszeichen.

Die Vorzeichen am Beginn des Systems werden in folgender Reihenfolge angeordnet:

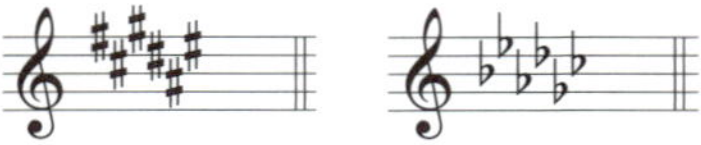

Kreuze: fis, cis, gis, dis, ais, eis
Bs: ♭, es, as, des, ges, ces

Es kommt vor, dass vor eine Note mehrere Vorzeichen gesetzt werden müssen, um die Note um mehr als einen Halbton zu verändern. Stehen zwei „♭" (ein sogenanntes Doppel-♭) vor einer Note, werden an den Notennamen zwei „-es" angehängt, z. B. aus „g" wird dann „geses". Ähnliches gilt für zwei ♯, hier wird vor die Note ein „x" geschrieben, aus „g" würde dann z. B. „gisis" werden.



## 1.3 Intervalle, Tastatur

Das **Intervall** bezeichnet den Abstand zweier Töne zueinander. Generell gilt, dass die beiden Töne des Intervalls beim Bilden desselben mitgezählt werden. Die Intervalle sind nach den lateinischen Ordnungszahlen benannt. Sie lauten:

| | |
|---|---|
| Prime (1) | Sexte (6) |
| Sekunde (2) | Septime (7) |
| Terz (3) | Oktave (8) |
| Quarte (4) | None (9) |
| Quinte (5) | Dezime (10) |

Vom c' (wie in allen Beispielen dieses Kapitels) aus gerechnet, ergeben sich z. B. folgende Intervalle:

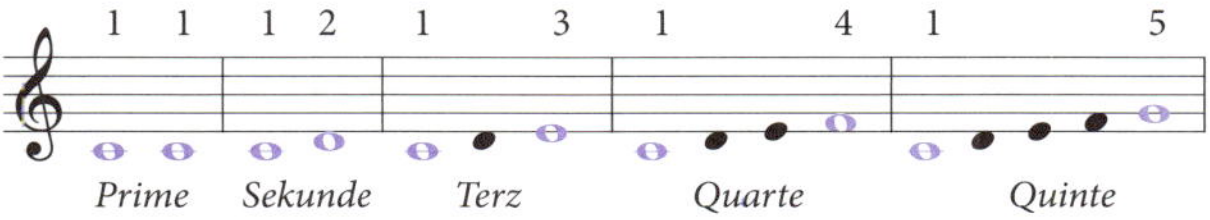


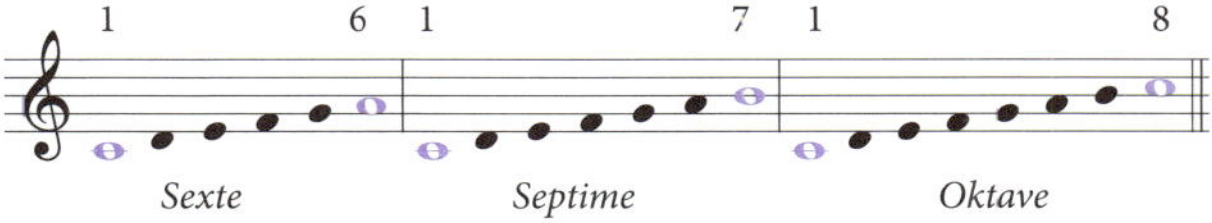

Die Intervalle können nicht nur nacheinander, sondern auch gleichzeitig erklingen:

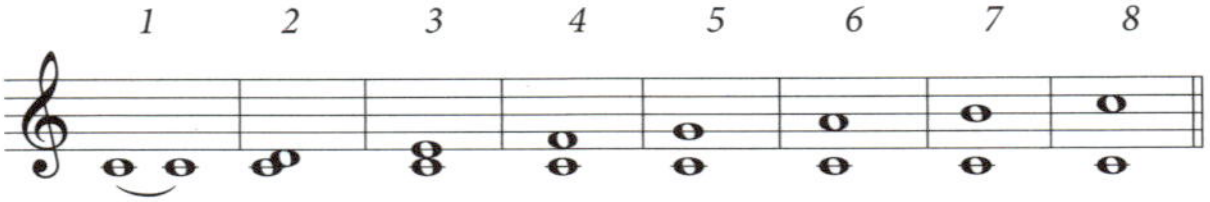


Intervalle können sowohl vom unteren Ton nach oben wie vom oberen Ton nach unten gebildet werden.

**ACHTUNG** Auch wenn die Stammtöne durch Vorzeichen verändert sind: Für den Intervall-Namen gilt immer nur der Abstand der Stammtöne zueinander. Der untere und obere Ton wird immer mitgezählt.

Um Intervalle noch genauer voneinander unterscheiden zu können, werden sie in zwei Gruppen unterteilt:

**a** reine Intervalle
**b** Intervalle, die entweder groß oder klein vorkommen

Die reinen Intervalle sind **Prime**, **Quarte**, **Quinte** und **Oktave**. Setzt man den unteren Ton des Intervalls um eine Oktave nach oben (oder den oberen eine Oktave nach unten), erhält man wieder ein reines Intervall, das sogenannte Komplementärintervall. Aus der Prime wird dann die Oktave, aus der Quarte die Quinte, aus der Quinte die Quarte und aus der Oktave die Prime.

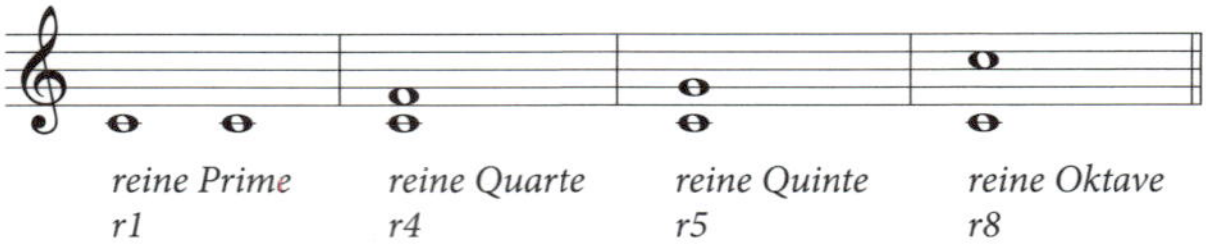

Die Intervalle, die entweder groß oder klein vorkommen können, sind **Sekunde**, **Terz**, **Sexte**, **Septime**.

Wird bei großen Intervallen der untere Ton nach oben bzw. der obere Ton nach unten oktaviert, so entsteht ein kleines Intervall. Aus kleinen Intervallen entstehen beim Oktavieren eines Tons große Intervalle.

| Aus einer ... | wird durch Oktavieren eines der beiden Töne eine ... |
|---|---|
| kleinen Sekunde | große Septime |
| großen Sekunde | kleine Septime |
| kleinen Terz | große Sexte |
| großen Terz | kleine Sexte |
| kleinen Sexte | große Terz |
| großen Sexte | kleine Terz |
| kleinen Septime | große Sekunde |
| großen Septime | kleine Sekunde |

**BEISPIEL**

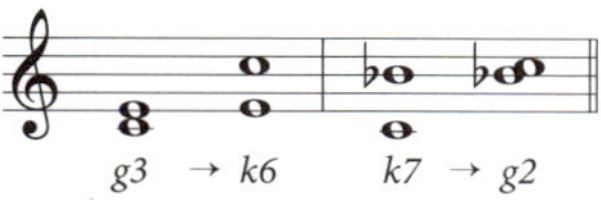


Aus der großen Terz wird durch Oktavierung eine kleine Sexte, aus der kleinen Septime wird durch Oktavierung eine große Sekunde.

Darüber hinaus kommen alle Intervalle auch noch als **übermäßige** und **verminderte Intervalle** vor:

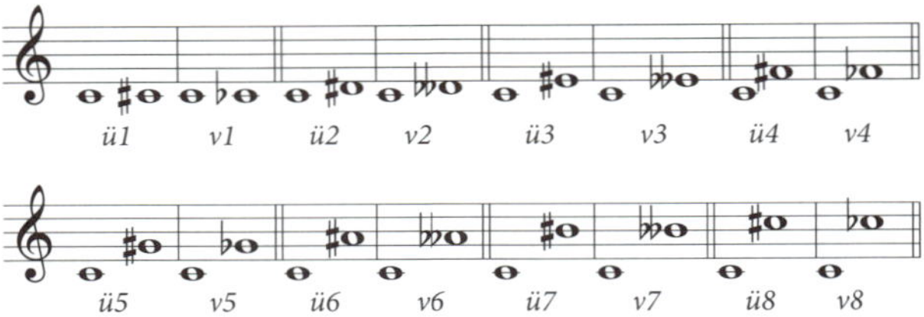


Ein besonderes Intervall bildet der **Tritonus**. Er besteht aus drei Ganztönen und ist die übermäßige Quarte bzw. verminderte Quinte. Der Tritonus erzeugt eine besonders starke harmonische Spannung und wird deshalb auch als „diabolus in musica" (lat.: Teufel in der Musik) bezeichnet.

Die **Tastatur** des Klaviers hilft einem, selber sehr leicht alle Intervalle, Tonleitern und Akkorde bilden zu können.

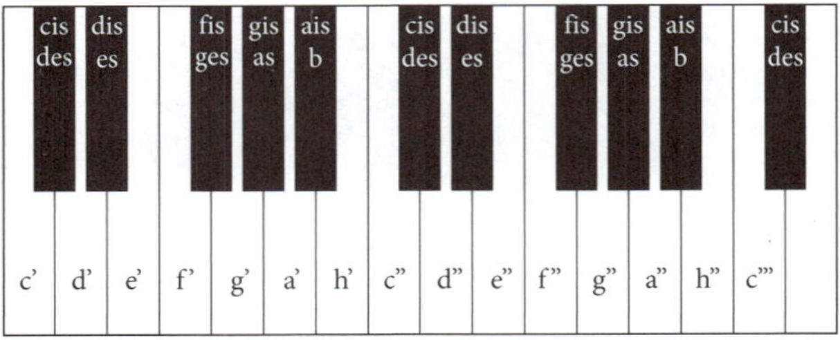


Die weißen Tasten sind die Stammtöne c, d, e, f, g, a, h. Die schwarzen Tasten, die immer abwechselnd in Zweier- und Dreiergruppen dazwischen liegen, bezeichnen die durch Kreuze (♯) oder Bs (♭) veränderten Halbtöne.

Um mit der Tastatur des Klaviers arbeiten zu können, muss man sich eine Regel sehr genau einprägen. Es wird immer die Anzahl der Schritte gezählt, um zu einem bestimmten Ton zu gelangen oder um ein bestimmtes Intervall zu bilden. Es werden nie die

Tasten, sondern immer die Halbtonschritte gezählt! Diese Schritte von einer zur direkt daneben liegenden Taste (das ist manchmal eine schwarze, manchmal eine weiße Taste) bezeichnet man als **Halbtonschritt**, z. B.:

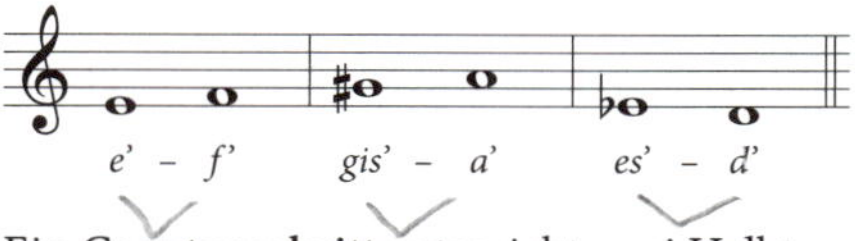


Ein **Ganztonschritt** entspricht zwei Halbtonschritten, z. B.:

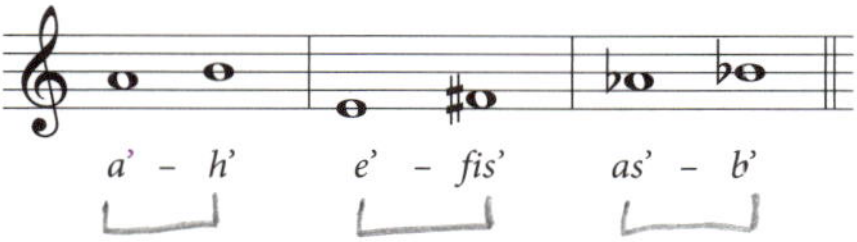


Um ein Intervall richtig zu bilden, zählt man vom Ausgangston folgende Halbtonschritte (Schritte von einer Taste zur direkt daneben liegenden Taste):

| | |
|---|---|
| Prime: | 0 Halbtonschritte |
| kleine Sekunde: | 1 Halbtonschritt |
| große Sekunde: | 2 Halbtonschritte |
| kleine Terz: | 3 Halbtonschritte |
| große Terz: | 4 Halbtonschritte |
| Quarte: | 5 Halbtonschritte |
| Tritonus: | 6 Halbtonschritte (= 3 Ganztonschritte) |
| Quinte: | 7 Halbtonschritte |
| kleine Sexte: | 8 Halbtonschritte |
| große Sexte: | 9 Halbtonschritte |
| kleine Septime: | 10 Halbtonschritte |
| große Septime: | 11 Halbtonschritte |
| Oktave: | 12 Halbtonschritte |

**BEISPIEL 1** Soll die Quinte (7 Halbtonschritte) zum Ausgangston cis' gebildet werden, zählt man diese sieben Halbtonschritte an der Tastatur ab und landet auf der Taste gis'/as'. Welcher von beiden ist nun der richtige Ton für die Quinte von cis'? Ganz einfach: Vom Stammton c' wäre die Quinte g'; folglich muss die Quinte zu cis' gis' sein, umgekehrt wäre as' die Quinte von des', denn die Quinte vom Stammton d' ist a'.

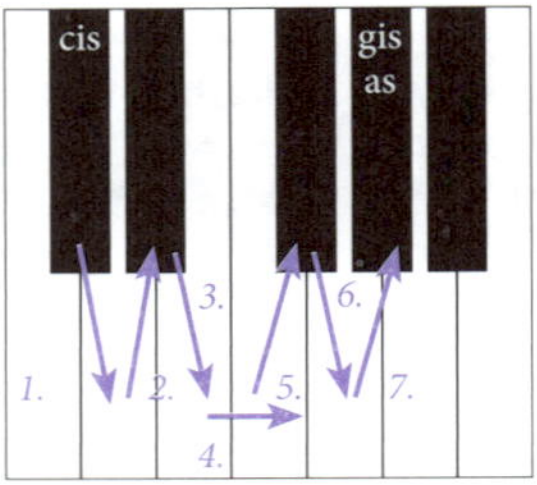


**BEISPIEL 2** Soll die kleine Sexte (8 Halbtonschritte) vom d' gebildet werden, landet man auf der Taste ais'/b'. Hier wäre die richtige Lösung b'. Denn das ais' gehört zum Stammton a', welcher die Quinte zu d' und nicht die Sexte ist.

**MERKE** Beim Bilden von Intervallen muss man sich neben den Halbtonschritten auch an den Stammtönen orientieren.

Die wichtigsten Intervalle (immer nach *oben* gebildet) im Überblick zeigt die Tabelle S. 17. Anwendungsbeispiele:

**a** Soll eine große Terz vom Ausgangston f nach *oben* gebildet werden, kann man am Schnittpunkt der 8. Zeile (f) mit der 6. Spalte (große Terz) das richtige Intervall (a) ablesen.

**b** Soll eine kleine Sexte vom Ausgangston d nach *unten* gebildet werden, sucht man in der Spalte „kl. Sexte" den Ton d und geht nach links zur ersten Spalte: Der gesuchte Ton ist fis.

**BEISPIEL** Anhand der farblichen Unterlegung kann man für jede Tonart die Dur- und die natürliche Moll-Tonleiter ablesen:

und natürliche Moll-Tonleiter

und Dur-Tonleiter

**Die wichtigsten Intervalle (immer nach oben gebildet) im Überblick**

| 0 | 1 | 2 | 3 | 4 | 5 | 6 | 7 | 8 | 9 | 10 | 11 | 12 | 13 | 14 |
|---|---|---|---|---|---|---|---|---|---|---|---|---|---|---|
| 1 | **Inter-vall:** | **Prime** | **kl. Sekun-de** | **gr. Sekun-de** | **kl. Terz** | **gr. Terz** | **Quar-te** | **überm. Quarte** (Tritonus) | **Quin-te** | **kl. Sexte** | **gr. Sexte** | **kl. Sep-time** | **gr. Septi-me** | **Oktave** |
| 2 | Schritte: | 0 | 1 | 2 | 3 | 4 | 5 | 6 | 7 | 8 | 9 | 10 | 11 | 12 |
| 3 | c | c | des | d | es | e | f | fis | g | as | a | b | h | c |
| 4 | cis/des | cis/des | d/eses | dis/es | e/fes | eis/f | fis/ges | fisis/g | gis/as | a/heses | ais/b | h/ces | his/c | cis/des |
| 5 | d | d | es | e | f | fis | g | gis | a | b | h | c | cis | d |
| 6 | dis/es | dis/es | e/fes | eis/f | fis/ges | fisis/g | gis/as | gisis/a | ais/b | h/ces | his/c | cis/des | cisis/d | dis/es |
| 7 | e | e | f | fis | g | gis | a | ais | h | c | cis | d | dis | e |
| 8 | f | f | ges | g | as | a | b | h | c | des | d | es | e | f |
| 9 | fis/ges | fis/ges | g/asas | gis/as | a/heses | ais/b | h/ces | his/c | cis/des | d/eses | dis/es | e/fes | eis/f | fis/ges |
| 10 | g | g | as | a | b | h | c | cis | d | es | e | f | fis | g |
| 11 | gis/as | gis/as | a/heses | ais/b | h/ces | his/c | cis/des | cisis/d | dis/es | e/fes | eis/f | fis/ges | fisis/g | gis/as |
| 12 | a | a | b | h | c | cis | d | dis | e | f | fis | g | gis | a |
| 13 | ais/b | ais/b | h/ces | his/c | cis/des | cisis/d | dis/es | disis/e | eis/f | fis/ges | fisis/g | gis/as | gisis/a | ais/b |
| 14 | h | h | c | cis | d | dis | e | eis | fis | g | gis | a | ais | h |

## 1.4 Tonleitern: Dur, Moll, chromatisch, pentatonisch, diatonisch, Kirchentonarten

Dur und Moll sind zwei **Tongeschlechter**. Musik kann einen unterschiedlichen Charakter haben: fröhlich – traurig, hell – dunkel, heiter – ernst usw. Oft wird Musik in Dur (lat. durus: hart) als heiter und fröhlich, Musik, die in Moll (lat. mollus: weich) geschrieben ist, als traurig und ernst empfunden.

Jede **Dur-Tonleiter** und jede **Moll-Tonleiter** hat eine festgelegte Abfolge von Ganz- und Halbtonschritten. Nur weil diese Abfolge festgelegt ist, kann man auch davon sprechen, dass die Tongeschlechter bestimmte Ausdrucksmöglichkeiten haben.

Die Abfolge von Ganz- und Halbtonschritten in Dur lässt sich am besten an der C-Dur-Tonleiter erkennen:

Sieht man sich diese Tonleiter auf der Klavier-Tastatur an, so erkennt man, dass sich zwischen den 3. und 4. sowie zwischen dem 7. und 8. Ton ein Halbtonschritt befindet. Die übrigen Schritte sind alle Ganztonschritte.
Bei allen Dur-Tonleitern sind die Halbtonschritte und Ganztonschritte an der gleichen Stelle. Die Dur-Tonleiter wird nach ihrem Ausgangston (**Grundton**) benannt.

**BEISPIEL** Soll nun eine Dur-Tonleiter selbst geschrieben werden, so wird am besten die Tastatur zu Hilfe genommen. Die D-Dur-Tonleiter soll gebildet werden, ohne dass bekannt ist, wo sich Ganz- und Halbtonschritte befinden, bzw. welche Vorzeichen D-Dur hat.

Als Erstes werden die acht Töne der Tonleiter aufgeschrieben:

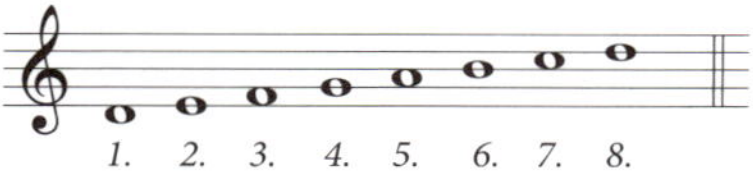


Dann wird markiert, an welchen Stellen sich Ganz- und Halbtonschritte befinden müssen:



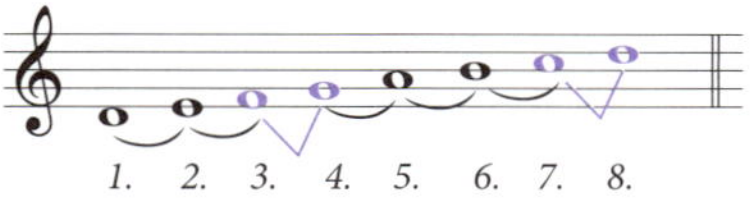


Schließlich wird – ausgehend vom ersten Ton, dem Grundton – mithilfe der Tastatur überprüft, ob sich überall die richtigen Tonschritte befinden:

| Ton | Tonname | Schritt | richtig/falsch | Veränderung (bei falsch) |
|---|---|---|---|---|
| 1.–2. | d–e | Ganztonschritt | richtig | |
| 2.–3. | e–f | Halbtonschritt | falsch | Der höhere Ton muss erhöht werden, damit aus dem Halbtonschritt ein Ganztonschritt wird: e–fis |
| 3.–4. | fis–g | Halbtonschritt | richtig | |
| 4.–5. | g–a | Ganztonschritt | richtig | |
| 5.–6. | a–h | Ganztonschritt | richtig | |
| 6.–7. | h–c | Halbtonschritt | falsch | Der höhere Ton muss erhöht werden, damit aus dem Halbtonschritt ein Ganztonschritt wird: h–cis |
| 7. – 8. | cis–d | Halbtonschritt | richtig | |

Die Tonleiter sieht dann fertiggestellt so aus:

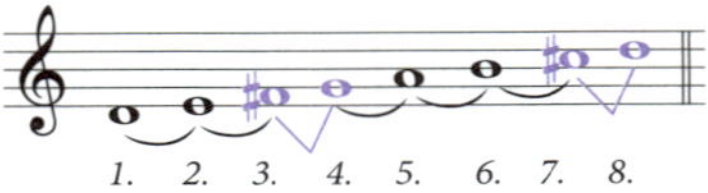


**MERKE** Wenn vom Grundton aus die Tonschritte überprüft werden, darf immer nur der jeweils obere Ton verändert werden, sonst wird eventuell ein bereits überprüfter und richtiger tieferer Tonschritt nachträglich verändert bzw. verfälscht.

Im Tongeschlecht Moll gibt es drei verschiedene Tonleiter-Modelle. Man spricht vom
- natürlichen (oder äolischen) Moll,
- harmonischen Moll,
- melodischen Moll.

Das älteste Moll ist das **natürliche Moll**. Die Ganz- und Halbtonschritte sind auch hier festgelegt:

a Halbtonschritte zwischen dem 2. und 3. sowie zwischen dem 5. und 6. Ton

b Ganztonschritte zwischen den übrigen Tönen (1/2, 3/4, 4/5, 6/7, 7/8)

a-Moll, natürlich:

Das **harmonische Moll** entstand aus dem Wunsch heraus, zwischen dem 7. und 8. Ton einen Leitton zu haben. Mit diesem Leitton klingt die Tonleiter „abgeschlossener".
Das hatte zur Folge, dass bei der Beibehaltung der anderen Moll-Tonschritte ein Eineinhalb-Tonschritt entsteht.
Die harmonische Molltonleiter sieht so aus:

**a** Halbtonschritte zwischen der 2. und 3., 5. und 6. sowie 7. und 8. Stufe
**b** Eineinhalbtonschritt zwischen der 6. und 7. Stufe
**c** Ganztonschritte zwischen den übrigen Tönen (1/2, 3/4, 4/5)

a-moll, harmonisch:

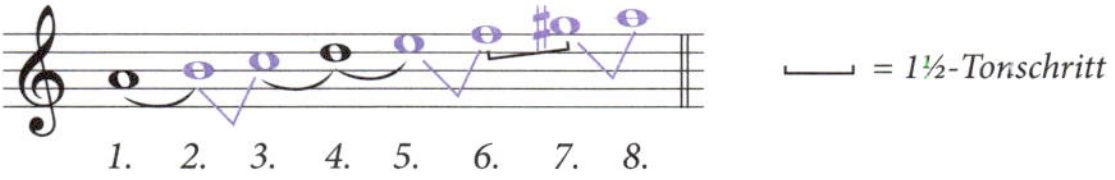


Der Eineinhalb-Tonschritt gibt der Tonleiter Anklänge an die orientalische Klangwelt und ist für uns schwer zu singen.

Das **melodische Moll** glättet den Eineinhalb-Tonschritt und behält trotzdem den Leitton (Halbtonschritt zwischen 7. und 8. Stufe) bei. Daraus ergibt sich eine Tonleiter, die bei den Stufen 1 bis 5 nach Moll, bei den Stufen 5 bis 8 aber nach Dur klingt:
**a** Halbtonschritte zwischen der 2./3. sowie der 7./8. Stufe
**b** Ganztonschritte zwischen den übrigen Tönen (1/2, 3/4, 4/5, 5/6, 6,/7)

Diese Anordnung der Ganz- und Halbtonschritte wird beim melodischen Moll nur aufwärts gespielt. Abwärts sind sie angeordnet wie beim natürlichen Moll.

a-Moll, melodisch:

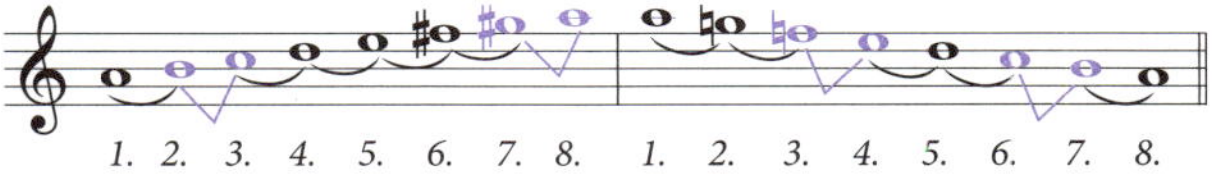


Moll-Tonleitern werden, unter Beachtung anderer Halbtonschritte, nach der gleichen Vorgehensweise wie Dur-Tonleitern mithilfe einer Tastatur gebildet (s. o.):
- Zuerst werden die Töne aufgeschrieben,
- die richtigen Tonschritte werden markiert,

- beim Grundton beginnend werden alle Tonschritte auf ihre Richtigkeit geprüft und ggf. der obere der beiden Töne durch Vorzeichen erhöht oder erniedrigt.

**Moll und Dur im Überblick**

| Tongeschlecht | 1/2 | 2/3 | 3/4 | 4/5 | 5/6 | 6/7 | 7/8 |
|---|---|---|---|---|---|---|---|
| Dur | Ganz | Ganz | Halb | Ganz | Ganz | Ganz | Halb |
| natürliches Moll | Ganz | Halb | Ganz | Ganz | Halb | Ganz | Ganz |
| harmonisches Moll | Ganz | Halb | Ganz | Ganz | Halb | 1 1/2 | Halb |
| melod. Moll (aufwärts) | Ganz | Halb | Ganz | Ganz | Ganz | Ganz | Halb |

Die **chromatische Tonleiter** besteht aus 12 Halbtonschritten und sieht z. B. so aus:

Die **Ganztonleiter** (in der Musik des 20. Jahrhunderts) hat nur Ganztonschritte und besitzt keine Leittöne:

oder

**Pentatonische Tonleitern** kommen vor allem in Kinderliedern, aber auch in der Musik anderer Völker (Afrika, Asien) vor. Der Begriff *Pentatonik* kommt von *pente* (= fünf) und *tonos* (= Ton). Die pentatonische Tonleiter besteht also aus fünf Tönen, deren Abstand zueinander Ganztonschritte oder kleine Terzen (3 Halbtonschritte) sind. Es finden sich keine Halbtonschritte.

oder

Auch wenn man auf dem Klavier nur auf den schwarzen Tasten spielt, so spielt man eine pentatonische Tonleiter.

Als **diatonische Tonleiter** bezeichnet man die Folge von Ganz- und Halbtonschritten (also z. B. in Dur) im Gegensatz zur chromatischen Tonleiter, bei der nur Halbtonschritte aufeinander folgen.



Als **Kirchentonarten** bezeichnet man die acht in der mittelalterlichen Musik vorkommenden Tonleitern.

Merkmale
- Die Tonleitern haben keine unterschiedlichen Vorzeichen.
- Die Halbtonschritte befinden sich bei Musikstücken ohne Vorzeichen immer zwischen den Tönen e und f sowie h und c.
- Jede Tonleiter beginnt auf einem anderen Grundton, sodass durch die unterschiedliche Position der Halbtonschritte innerhalb der Tonleiter ein anderer Klangcharakter entsteht.

Zu den vier **authentischen** (ursprünglichen) Tonarten kommen noch vier **plagale** (abgeleitete) Tonleitern hinzu, die jeweils eine Quarte tiefer beginnen. Sie tragen die Vorsilbe „hypo" (unter):

| authentisch | plagal |
|---|---|
| dorisch | hypodorisch |
| phrygisch | hypophrygisch |
| lydisch | hypolydisch |
| mixolydisch | hypomixolydisch |

dorisch und hypodorisch:

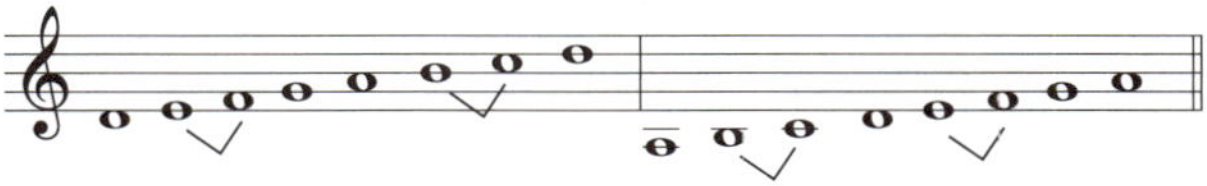

phrygisch und hypophrygisch:

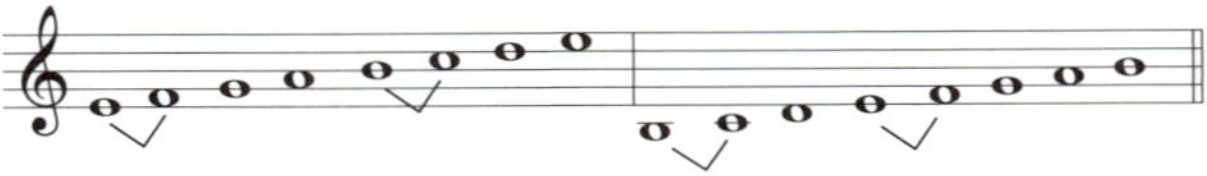

lydisch und hypolydisch:

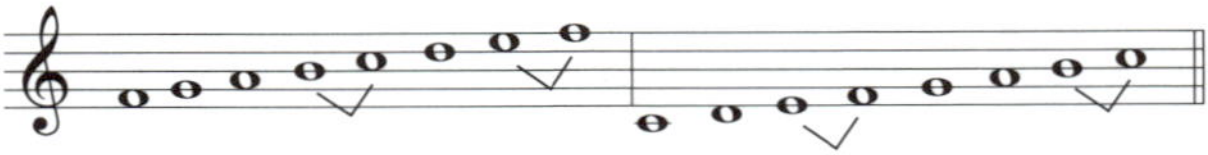

mixolydisch und hypomixolydisch:

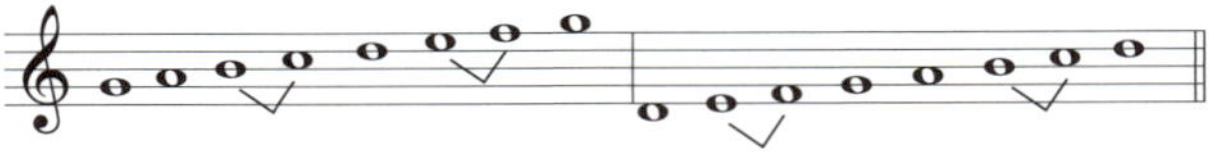

Im 15. Jahrhundert kamen noch zwei weitere authentische und zwei dazugehörige plagale Tonleitern hinzu: äolisch und ionisch.

| authentisch | plagal |
|---|---|
| äolisch | hypoäolisch |
| ionisch | hypoionisch |

Im 17. Jahrhundert entwickelte sich aus den Kirchentonarten unser bis heute gebräuchliches **Dur-Moll-System**. Ionisch wurde zu Dur, äolisch zu Moll.

äolisch und hypoäolisch:

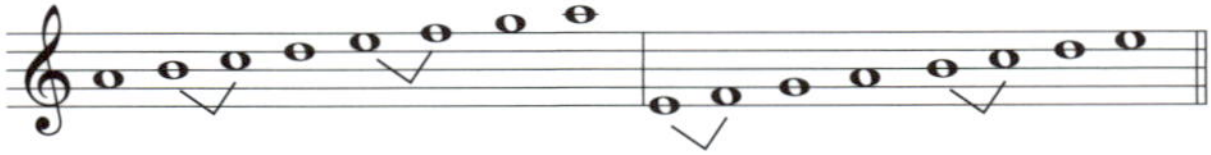

ionisch und hypoionisch:

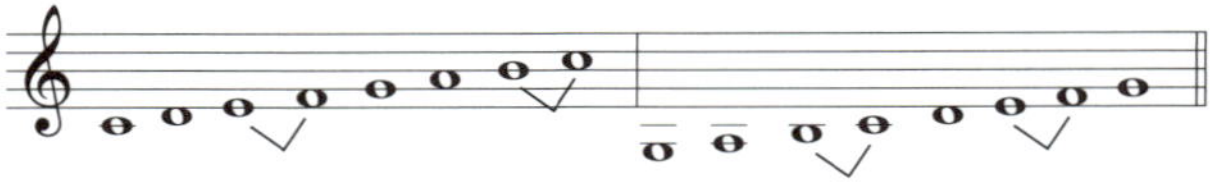

Unter der Bezeichnung **modale Skalen** fanden die Kirchentonarten im Jazz der 1950er Jahre Verwendung. Auch in der Volksmusik, vor allem in der keltischen Tradition, sind modale Skalen zu finden. Seit den Beatles (*Norwegian Wood*, 1965, mixolydisch; *Eleanor Rigby*, 1966, dorisch), Cat Stevens und Mike Oldfield haben diese auch Eingang in die Rockmusik gefunden.



## 1.5 Quintenzirkel, Tonarten

Der **Quintenzirkel** ermöglicht es einem, zu erkennen, welche Dur- und Moll-Tonart welche und wie viele Vorzeichen hat. Er heißt Quintenzirkel, weil ausgehend vom „C", das oben steht, sich in beide Richtungen Tonarten im Quintabstand fortsetzen. Im Uhrzeigersinn kommt je ein Kreuz (♯) hinzu, entgegen dem Uhrzeigersinn kommt je ein B (♭) hinzu. (↗ Abbildung auf der nächsten Seite)

Außen stehen in Großbuchstaben die Dur-Tonarten, innen stehen in Kleinbuchstaben die Moll-Tonarten.

Für die Dur-Tonarten gibt es zwei Verse, um sich die Reihenfolge zu merken und abzählen zu können, welche Tonart wie viel Kreuze bzw. Bs hat.

**Bei den Kreuztonarten ist es dieser:**
**Geh, du alter Esel, hole Fisch.**

**Bei den B-Tonarten lautet der Merkspruch:**
Frische **B**rötchen **e**ssen **As**se **des** **Ges**angsvereins.

Jeweils eine Dur- und Moll-Tonart verwenden die gleichen Vorzeichen. Sie werden als Paralleltonarten bezeichnet. Die parallele Moll-Tonart ist immer eine kleine Terz tiefer als die dazugehörige Dur-Tonart:

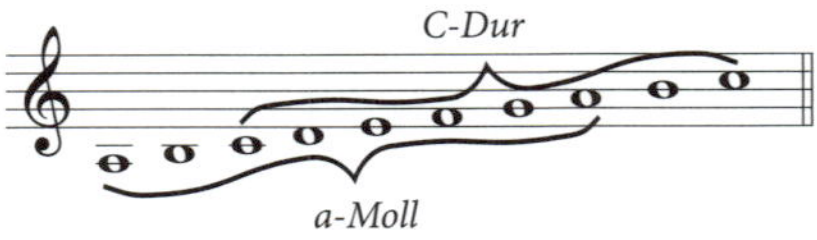


Abbildung 1: Paralleltonarten

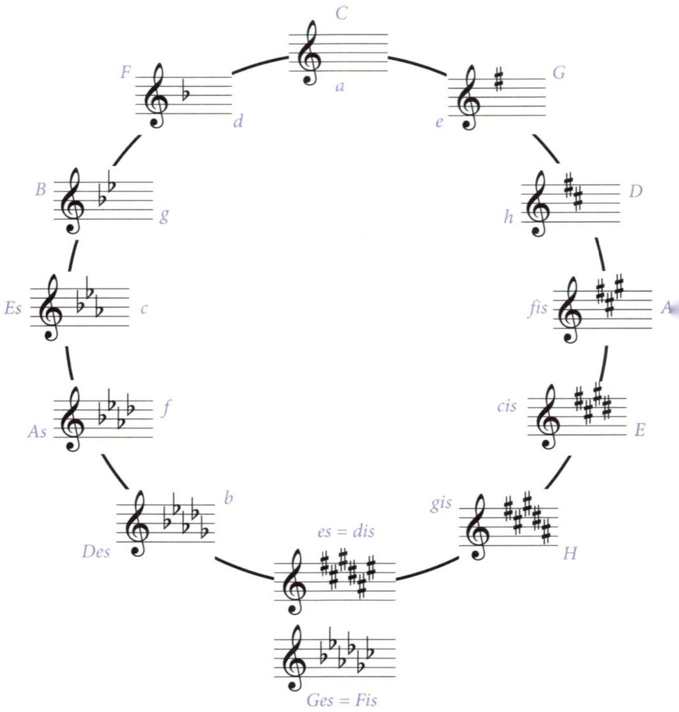


Abbildung 2: Quintenzirkel

## 1.6 Hauptdreiklänge, Nebendreiklänge, Vierklänge, Modulation

Der **Dur-Dreiklang** besteht aus drei Tönen. Diese Töne können gleichzeitig (Akkord) oder nacheinander (Dreiklangsmelodik) erklingen.

*Dreiklangsmelodik* *Akkord*

Der Dur-Dreiklang lässt sich auf zwei verschiedene Weisen bilden:

**a** Jeder Dur-Dreiklang besteht aus einer großen Terz und einer darüber liegenden kleinen Terz (das Rahmenintervall ist eine Quinte).

**b** Der Dur-Dreiklang eines bestimmten Tones sind der erste, dritte und fünfte Ton der gleichnamigen Dur-Tonleiter.

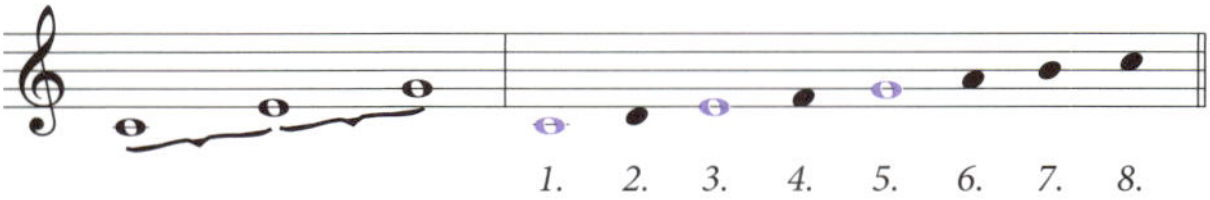


*gr. Terz* *kl. Terz* *Dur-Tonleiter*

Sollen nun also Dur-Dreiklänge gebildet werden, gibt es wiederum zwei Vorgehensweisen:

**a** Entweder notiert man den ersten, dritten und fünften Ton der gleichnamigen Dur-Tonleiter.

**ACHTUNG** Auch die Vorzeichen der jeweiligen Dur-Tonleiter gehören dazu!

**b** Oder man schreibt eine große und eine kleine Terz übereinander. Hierbei notiert man zuerst die drei Töne (beim Dur-Dreiklang in der Grundstellung befinden sich diese immer alle entweder zwischen den Notenlinien oder auf den Notenlinien). Anschließend überprüft man, ob das Intervall vom ersten zum zweiten Ton des Dreiklangs eine große Terz (vier

Halbtonschritte) und vom zweiten zum dritten Ton eine kleine Terz ist (drei Halbtonschritte). Ggf. verändert man zuerst den zweiten Ton durch Vorzeichen und anschließend den dritten.
Um zu überprüfen, ob der Dreiklang richtig gebildet wurde, kann man die Halbtonschritte zwischen dem untersten und obersten Ton zählen. Es müssen sieben sein (Quinte).

Der **Moll-Dreiklang** besteht wie der Dur-Dreiklang aus drei Tönen und kann auch gleichzeitig (Akkord) oder nacheinander (Dreiklangsmelodik) erklingen.

Der Moll-Dreiklang lässt sich ebenfalls auf zwei verschiedene Weisen bilden:

**a** Jeder Moll-Dreiklang besteht aus einer kleinen Terz und einer darüber liegenden großen Terz (das Rahmenintervall ist eine Quinte).

**b** Der Moll-Dreiklang eines bestimmten Tones sind der erste, dritte und fünfte Ton der gleichnamigen Moll-Tonleiter.

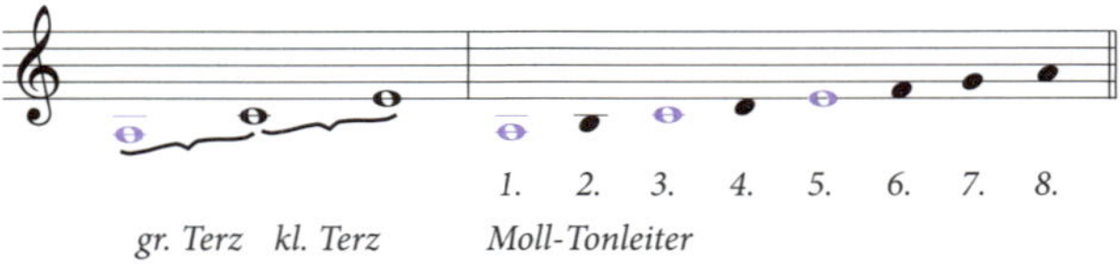


Um selber Moll-Dreiklänge zu bilden, geht man genauso vor wie bei den Dur-Dreiklängen.
**ACHTUNG** Bei Moll-Dreiklängen befindet sich die kleine Terz unten und die große Terz oben!

Oft werden Dur-Dreiklänge mit großen Buchstaben, Moll-Dreiklänge mit kleinen Buchstaben geschrieben (↗ Quintenzirkel, S. 26).

Auf jedem Ton der Dur-Tonleiter kann aus leitereigenen Tönen ein Dreiklang gebildet werden.

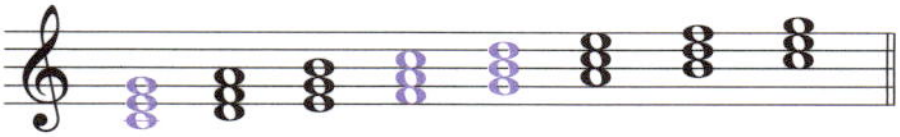


Die Dreiklänge auf den Stufen 1, 4, 5 (und 8=1) sind Dur-Dreiklänge. Man bezeichnet diese drei Dreiklänge als die Hauptdreiklänge der jeweiligen Tonart.



Nach ihrer Funktion werden diese Dreiklänge auch folgendermaßen bezeichnet:

- 1. Stufe: Tonika-Dreiklang (T)
- 4. Stufe: Subdominant-Dreiklang (S)
- 5. Stufe: Dominant-Dreiklang (D)

Diese drei Dreiklänge sind die wichtigsten der jeweiligen Tonart. Mit ihrer Hilfe lassen sich die meisten Lieder begleiten.

Die Abfolge der Dreiklänge **Tonika** (1. Stufe) – **Subdominante** (4. Stufe) – **Dominante** (5. Stufe) – **Tonika** (1. Stufe) bezeichnet man als **Kadenz**. Diese Kadenz liegt vielen Musikstücken als Begleitung zugrunde und ist die wichtigste Dreiklangsfolge seit dem 17. Jahrhundert.

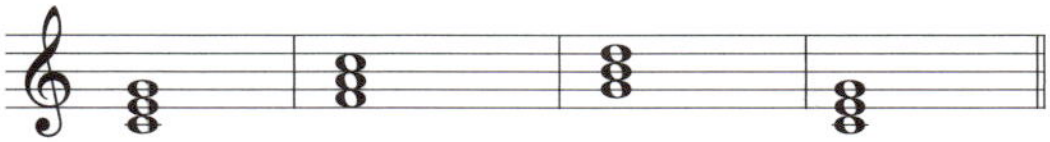


Buchstaben über der Melodiezeile geben an, welcher Akkord zur Begleitung jeweils gespielt werden soll. Zur Erinnerung: Großbuchstaben stehen für Dur, Kleinbuchstaben für Moll.

Auch die moderne Musik verwendet die Kadenz 1 – 4 – 5 – 1. (↗ das Beispiel von Herbert Grönemeyer auf der nächsten Seite)

*Ich dre-he schon seit Stun-den hier so mei-ne Run-den, es ...*

aus: Mambo, Herbert Grönemeyer

Mithilfe des Quintenzirkels kann man die zu einer Tonart gehörenden Harmonien leicht finden. Rechts neben der Tonart (Tonika) befindet sich deren Dominante (5. Stufe), links neben der Tonika die Subdominante (4. Stufe).

Die übrigen Dreiklänge der Dur-Tonleiter (2, 3, 6, 7) bezeichnet man als **Nebendreiklänge**. Die Akkorde auf der 2., 3., und 6. Stufe sind Moll-Dreiklänge. Sie können auch als Vertreter der Dur-Dreiklänge auftreten, mit denen sie zwei gemeinsame Töne haben:

- 2. Stufe: Subdominantparallele
- 3. Stufe: Dominantparallele
- 6. Stufe: Tonikaparallele

Die **Moll-Kadenz** wird nach dem gleichen Prinzip wie die Dur-Kadenz gebaut. Nur ist hier zu beachten, dass als Grundlage die harmonische Molltonleiter verwendet wird. So sind der Akkord auf der 1. Stufe (Tonika) und auf der 4. Stufe (Subdominante) in Moll, der Dreiklang auf der 5. Stufe (Dominante) aber in Dur:

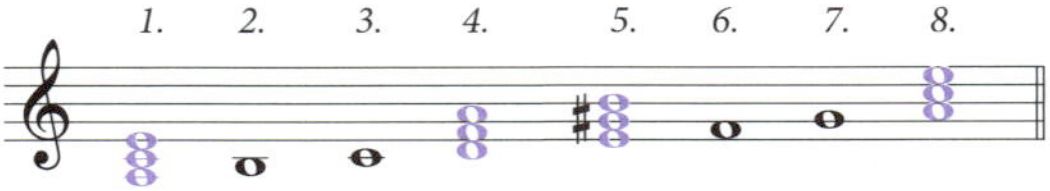


*1. Stufe Tonika* *4. Stufe Subdominante* *5. Stufe Dominante* *8. = 1. Stufe Tonika*

Bildet man aus den leitereigenen Tönen auf jedem Ton der Tonleiter einen Akkord, so fällt auf, dass einige Akkorde weder Dur noch Moll sind.

In Dur besteht der Akkord auf der 7. Stufe aus zwei übereinandergeschichteten kleinen Terzen. Bei der harmonischen Moll-Tonleiter finden wir diesen Akkord auf der 2. und 7. Stufe. Bei diesem Akkord spricht man vom **verminderten Dreiklang.**
Dur- und Moll-Dreiklänge bezeichnet man als konsonant (lat.: zusammenklingen). Dieser verminderte Dreiklang hingegen ist dissonant (lat.: auseinanderklingen). Er klingt für unsere Hörgewohnheiten ungewohnt oder unangenehm.
Das Rahmenintervall (Intervall zwischen dem untersten und obersten Ton) bei diesem Dreiklang ist eine verminderte Quinte (v5).



Im harmonischen Moll gibt es einen weiteren dissonanten Dreiklang. Er wird aus den leitereigenen Tönen auf der 3. Stufe gebildet und besteht aus zwei übereinandergeschichteten großen Terzen: der **übermäßige Dreiklang.** Das Rahmenintervall bei diesem Dreiklang ist eine übermäßige Quinte (ü5).

Verminderte und übermäßige Dreiklänge im harmonischen Moll:

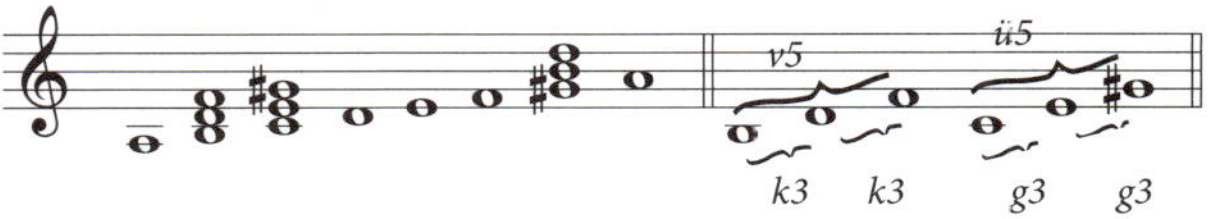


Ein **Vierklang**, der in der Musik besonders oft vorkommt, ist der **Dominantseptakkord.** Auf den Dur-Dreiklang der 5. Stufe der Tonleiter ist noch eine kleine Terz aufgesetzt. Das Rahmenintervall hier ist eine kleine Septime (k7), welches ein dissonantes Intervall ist. Außerdem ist das Intervall zwischen zweitem und viertem Ton ebenfalls dissonant (v5). Sie drängen zur Konsonanz, zur Auflösung (v5 → g3). Deswegen wird der Dominatseptakkord gerne dort eingesetzt, wo der Dreiklang auf der 1. Stufe (Tonika) folgen soll. Damit wird die Schlusswirkung erhöht. (↗ Abbildung auf der nächsten Seite)

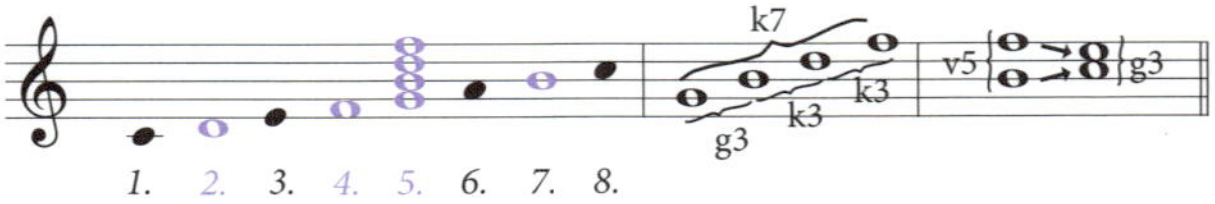


Als **Modulation** wird der Wechsel in eine andere Tonart innerhalb eines Musikstücks bezeichnet. Die einfachste und häufigste Modulation funktioniert so:
In der Regel wird in die Tonart der Dominante moduliert. Steht ein Musikstück ursprünglich in C-Dur, ist die Tonart der Dominante G-Dur. Um das Gefühl zu bekommen, dass in die neue Tonart gewechselt wird, muss dessen Dominante gespielt werden, in unserem Beispiel D-Dur. Man bezeichnet in einer Tonart die Dominante der Dominante auch als Doppeldominante (DD). Um die Wirkung eines vollständigen Wechsels in die neue Tonart zu erzielen, muss deren Kadenz (1 – 4 – 5 – 1) vollständig gespielt werden.

Bei dieser Modulation stehen alle Dreiklänge in der Grundstellung:

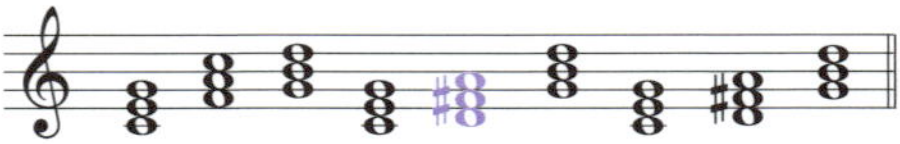

| | | | | | | | | | |
|---|---|---|---|---|---|---|---|---|---|
| *Funktion C-Dur* | *T* | *S* | *D* | *T* | *DD* | *(D)* | *(T)* | *(DD)* | *(D)* |
| *Funktion G-Dur* | | | | | *D* | *T* | *S* | *D* | *T* |

## 1.7 Umkehrungen, Kadenzen, Generalbass

Drei- und Vierklänge kommen nicht nur in ihrer Grundstellung vor, bei der der unterste Ton der Grundton ist. Akkorde können auch umgekehrt werden. Dabei bleiben die Töne selbst die gleichen, sie werden nur in andere Lagen „umgeschichtet". (↗ nachfolgende Abbildung)

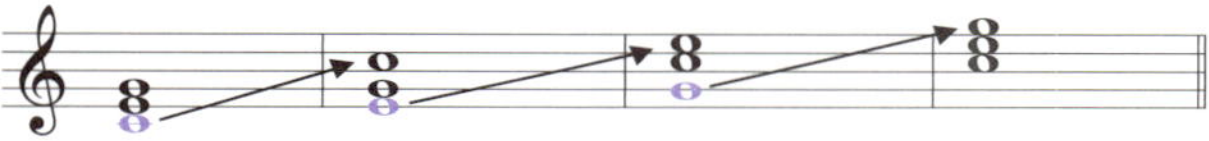

| | | | |
|---|---|---|---|
| *Grund-stellung* | *1. Umkehrung Sextakkord* | *2. Umkehrung Quartsextakkord* | *Grund-stellung* |



Befindet sich der Grundton unten, spricht man von der **Grundstellung.** Befindet sich der Terzton des Akkords unten, spricht man von der 1. Umkehrung oder vom **Sextakkord** (Rahmenintervall Sexte). Ist der tiefste Ton der Quintton, so spricht man von der 2. Umkehrung oder vom **Quartsextakkord** (vom untersten Ton zum zweiten ist das Intervall eine Quarte, vom untersten zum dritten ist es eine Sexte).

Wozu werden Umkehrungen benötigt? Soll eine Kadenz (oder eine beliebige Akkordfolge) gespielt werden, ist dieses so möglich (alle Dreiklänge in der Grundstellung G):

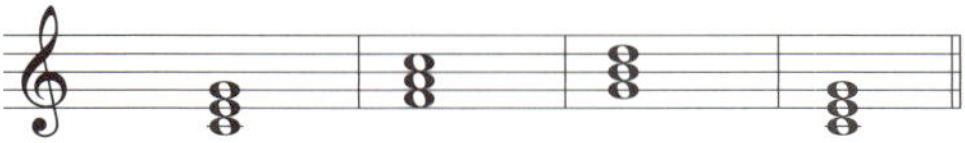

| | | | | |
|---|---|---|---|---|
| *Funktion:* | *T* | *S* | *D* | *T* |
| *Stellung:* | G | G | G | G |

Es fällt auf, dass einige der Dreiklänge gemeinsame Töne haben, die allerdings in unterschiedlichen Lagen gespielt werden (z. B. c' im ersten Dreiklang und c" im zweiten Dreiklang). Das ist umständlich. Spielt man die Akkorde in unterschiedlichen Umkehrungen, kann man sich dieses vereinfachen. Große Sprünge werden dabei vermieden (z. B. vom g' im ersten Akkord zum c" im zweiten Akkord).

Die einfachste Kadenz, beginnend mit der Grundstellung, sieht so aus:

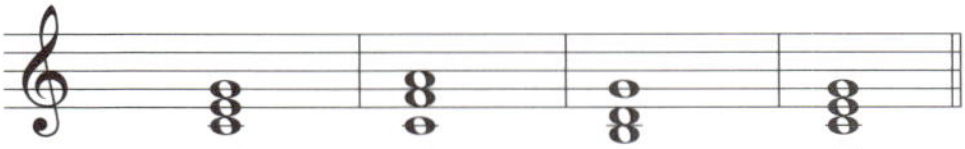

| | | | | |
|---|---|---|---|---|
| *Funktion:* | *T* | *S* | *D* | *T* |
| *Stellung:* | *G* | *2. U.* | *1. U.* | *G* |

Beginnend mit der 1. Umkehrung (Sextakkord) sieht die Kadenz so aus:

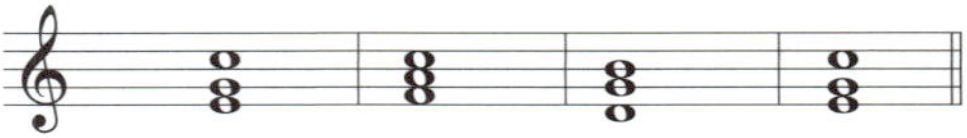

| | | | | |
|---|---|---|---|---|
| *Funktion:* | *T* | *S* | *D* | *T* |
| *Stellung:* | *1. U.* | *G* | *2. U.* | *1. U.* |

Beginnend mit der 2. Umkehrung (Quartsextakkord) sieht die Kadenz so aus:

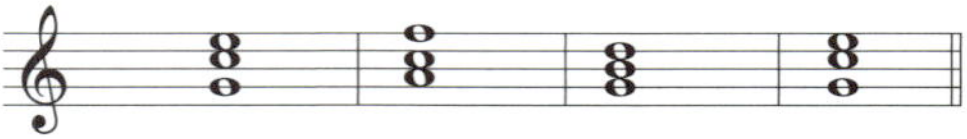

| | | | | |
|---|---|---|---|---|
| *Funktion:* | *T* | *S* | *D* | *T* |
| *Stellung:* | *2. U.* | *1. U.* | *G* | *2. U.* |

Im Barockzeitalter wurde ein System entwickelt, nach dem man für die harmonische Begleitung von Musikstücken eine Bass-Melodie als Grundlage aufschrieb. Diese wurde mit Ziffern ergänzt, die Hinweise darauf gaben, welche Harmonien dazu zu spielen sind: die **Generalbassbezifferung**. Es handelte sich dabei um eine Kurzschrift.

Wird nur ein Basston ohne Ziffer (oder mit der Ziffer 5 oder 8) geschrieben, so wird der zu dem Basston gehörende Akkord mit Terz und Quinte gespielt. Dabei müssen natürlich die Vorzeichen am Anfang des Systems beachtet werden. Die Bezifferung gibt nicht zwangsläufig einen Hinweis darauf, in welcher Stellung der Akkord zu spielen ist.

*notiert:*

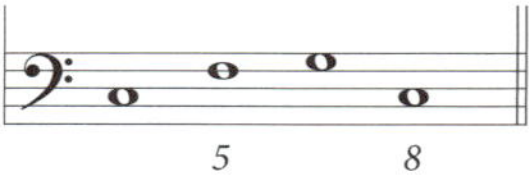


*gespielt:*

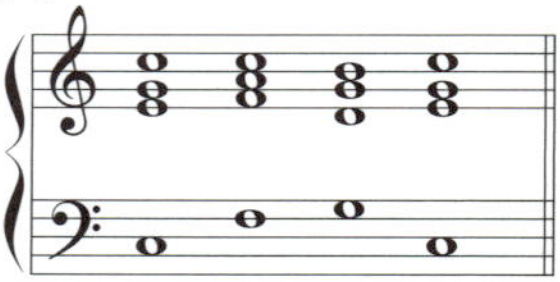

Ein Vorzeichen ohne daneben stehende Ziffer verändert immer die Terz des zu spielenden Akkordes:

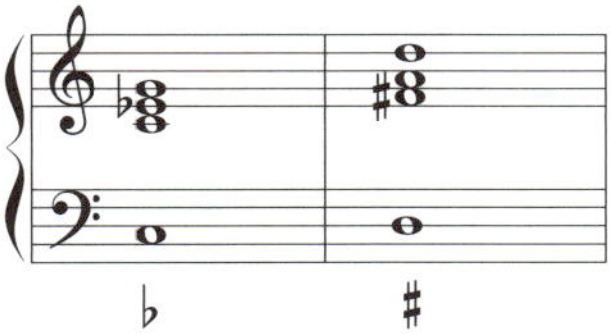


Hier steht der erste Akkord (c-Moll) in der Grundstellung, der zweite Akkord (D-Dur) in der 1. Umkehrung (Sextakkord). Das Vorzeichen unter dem Basston bezieht sich immer auf die Terz im Grundakkord.

Eine 7 bedeutet, dass zu Terz und Quinte noch eine Septime hinzugefügt wird (dabei muss der Grundton des Basses nicht noch einmal im Akkord wiederholt werden, es sei denn, dieses wird durch eine 8 verlangt):

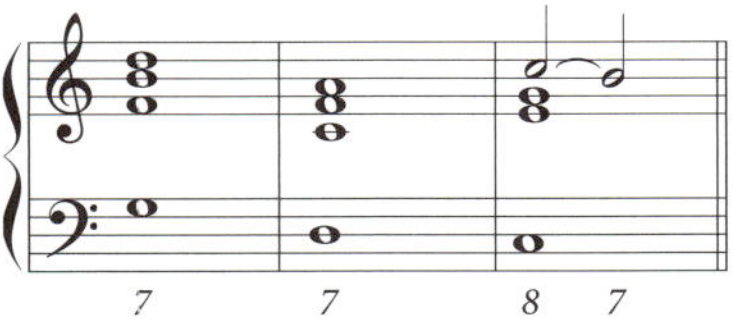


Wird eine 6 unter dem Basston geschrieben, so bedeutet dies, dass zusätzlich zur Terz statt der Quinte eine Sexte geschrieben bzw. gespielt werden muss (der Basston ist in diesem Fall automatisch die Terz des Akkordes und sollte im oberen System nicht noch einmal wiederholt werden. Stattdessen verdoppelt man den Grundton). Soll die Quinte dabei sein, muss sie zusätzlich durch eine 5 verlangt werden. Folgt der 6 eine 5, ist die 6 nur ein Vorhalt zum Grundakkord. (↗ Abbildung auf der nächsten Seite)

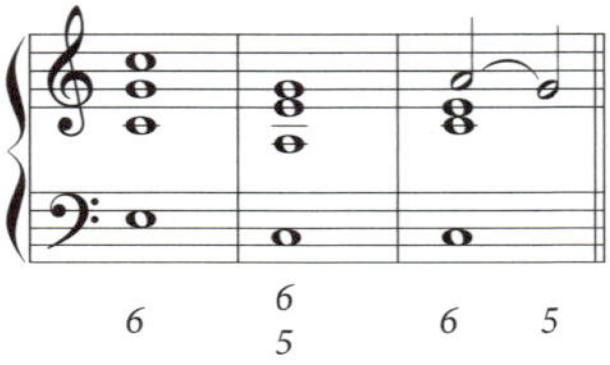


Steht eine 4 unter dem Basston, so bedeutet dies: Die Quarte muss statt der Terz (zusätzlich zur Quinte) ergänzt werden. Soll die Terz auch dabei sein, muss eine 3 notiert werden.

Die 4 tritt auch als Vorhalt zur 3 auf, oft in Verbindung mit dem Vorhalt 6 – 5.

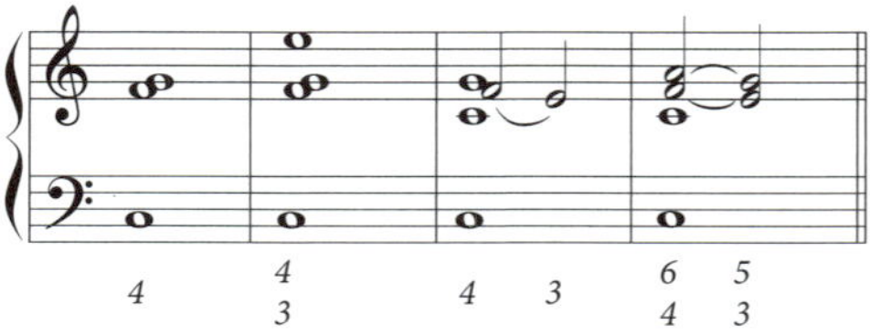


Weitere vorkommende Bezifferungen sind diese:

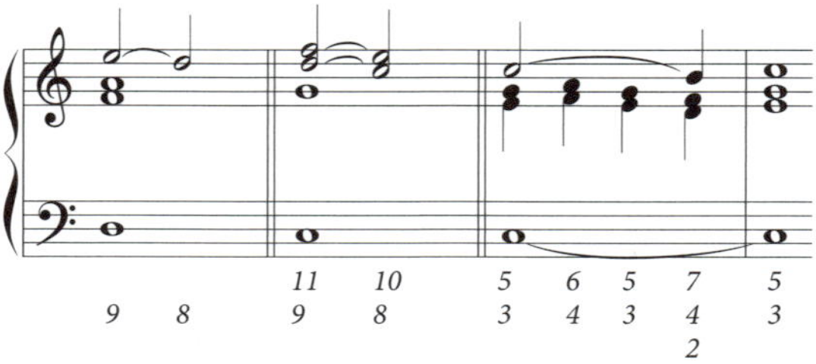

## 1.8 Tonlängen, Pausenlängen

Jede Note hat nicht nur eine bestimmte Tonhöhe, die durch die Anordnung in den Notenlinien dargestellt wird, sie hat auch eine bestimmte **Tonlänge** oder **Tondauer**.
Diese Tonlänge wird durch die Note selbst gekennzeichnet, man bezeichnet sie als den **Notenwert**. Basis der Notenwerte ist die **Ganze Note**. Sie ist vier Schläge (oder Zählzeiten) lang.
Alle Noten haben einen Notenkopf, der entweder leer oder ausgefüllt sein kann (1). Zusätzlich können die Noten einen Notenhals haben, der nach unten (bei allen Noten von der Mittellinie aufwärts) oder nach oben zeigen kann (2). Zeigt der Notenhals nach oben, sitzt er immer rechts vom Notenkopf. Zeigt er nach unten, so sitzt er immer links. Außerdem können Noten noch eine oder mehrere Fähnchen oder statt der Fähnchen Balken am Ende des Notenhalses besitzen (3,4).

Die Länge aller Noten orientiert sich an der Ganzen Note (a). Diese ist mit ihren vier Schlägen so lang wie zwei **Halbe Noten** (b). Jede Halbe Note ist so lang wie zwei **Viertelnoten** (c). Diese wiederum entsprechen jeweils zwei **Achtelnoten** (d), die jeweils so lang sind wie zwei **Sechzehntelnoten** (e). Vergleiche dazu das obere Notenbeispiel auf der nächsten Seite.

**Also hat:**

| | |
|---|---|
| die Ganze Note | vier Schläge |
| die Halbe Note | zwei Schläge |
| die Viertelnote | einen Schlag |
| die Achtelnote | 1/2 Schlag |
| die Sechzehntelnote | 1/4 Schlag |

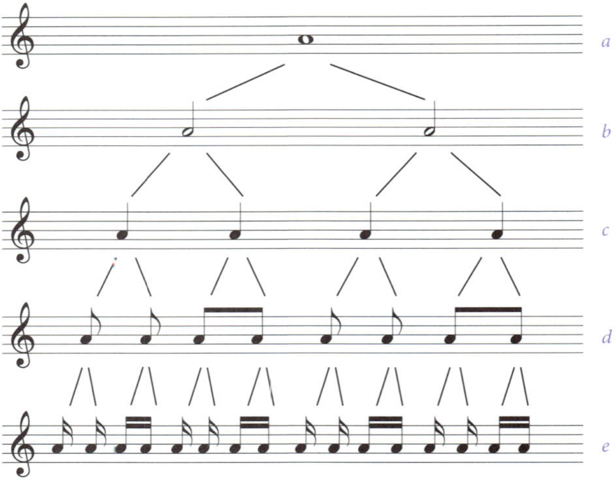


Ebenso verhält es sich mit den Pausenwerten. Es gibt zu jedem Notenwert eine entsprechende Pause:

**ACHTUNG** Die **Ganze Pause** ist ein an der Linie hängender Balken, die **Halbe Pause** ein auf der Linie liegender Balken!

Natürlich gibt es auch kürzere Noten- und Pausenwerte als Sechzehntel. Diese Reihe setzt sich logisch fort (Zweiunddreißigstel, Vierundsechzigstel usw.) Bei der Darstellung dieser Noten und Pausen werden lediglich weitere Fähnchen ergänzt.

## 1.9 Punktierungen, Triolen, Duolen, sonstige Zeichen

Steht hinter einer Note oder einer Pause ein Punkt, so wird diese als **Punktierte Note/Pause** bezeichnet. Der Punkt verlängert die Note/Pause um die Hälfte ihres eigentlichen Wertes.



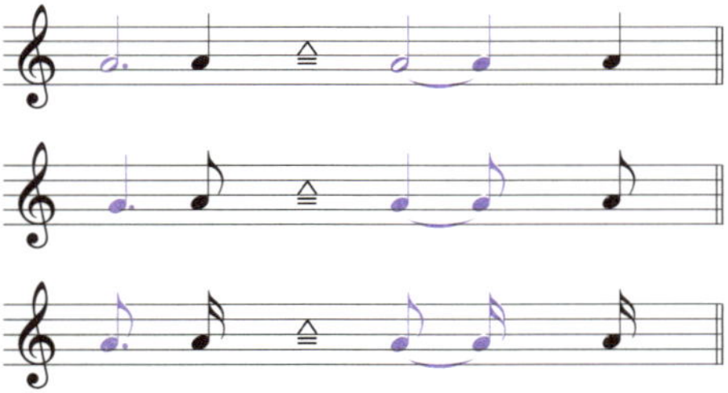

Der **Haltebogen** bedeutet, dass sich der Wert der beiden durch den Haltebogen verbundenen Noten addiert und die Note nur einmal angeschlagen wird (im ersten Beispiel oben haben die durch den Haltebogen verbundenen Halben Noten und Viertelnoten einen Wert von drei Schlägen).

Die **Triole** ist eine Folge von drei Noten, die anstelle von zwei Noten des selben Wertes in gleicher Zeitdauer gespielt werden. Triolen werden durch die Ziffer 3 und (bei Vierteln, Halben und Ganzen Noten) durch eine Klammer angezeigt.

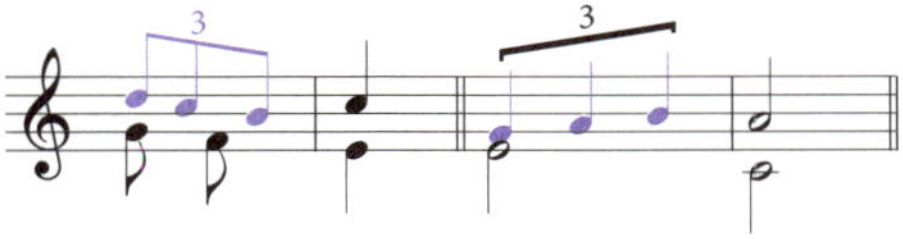


Die **Duole** geht den umgekehrten Weg. Sie ist eine für drei Töne gleicher Länge eintretende Figur von nur zwei gleich langen Tönen. Von ihrer Zeitdauer her entsprechen auch sie den drei Tönen.

Das **Wiederholungszeichen** bedeutet, dass der zwischen den beiden Doppelpunkten liegende Teil wiederholt werden muss. Gibt es nur einen Doppelpunkt am Ende eines Teils oder Musikstücks, so wird von vorne wiederholt.

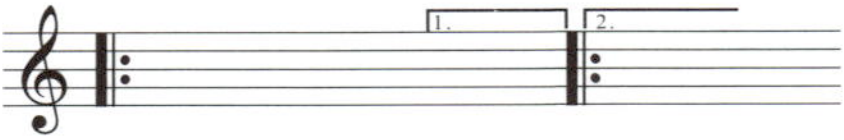


Die Klammern 1. und 2. zeigen an, dass beim ersten Spielen der Kasten 1. gespielt werden muss, bei der Wiederholung dann unter Auslassung des ersten Kastens der Kasten 2.

Die **Fermate** (ital.: Haltepunkt) 𝄐 über einer Note zeigt an, dass diese Note länger als notiert ausgehalten werden soll. Vor allem über dem letzten Ton eines Musikstücks und bei Kanons am Ende der jeweiligen Teile finden sich Fermaten über den Noten:

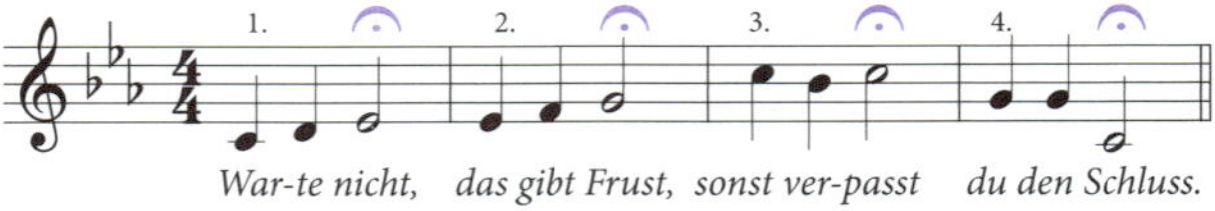


## 1.10 Metrum, Taktarten, Betonung, Auftakt, Synkopen, Dirigierformen

Der **Grundschlag** oder das **Metrum** ist der gleichmäßig durchlaufende Puls oder Beat des Musikstücks. Das Metrum kann auch als Metronom-Angabe vor einem Musikstück notiert sein. Hier steht dann, mit welcher Geschwindigkeit z. B. Halbe Noten oder Viertelnoten gespielt werden sollen. Das Metrum gibt keinen Hinweis darauf, welche Noten betont werden.

Werden Grundschläge in einer regelmäßigen Folge immer wieder betont, so sprechen wir vom **Takt**. Takte werden durch Taktstriche voneinander abgetrennt. Der erste Grundschlag jedes

Taktes wird immer am stärksten betont. Es gibt verschiedene Taktarten, die nach Brüchen benannt werden. Die Taktart richtet sich danach, wie viele Noten (Zähler) eines bestimmten Wertes (Nenner) in einem Takt vorhanden sind. Die Taktart wird immer am Beginn des Musikstücks angegeben.

**Die geläufigsten Taktarten**



| Taktart | Anzahl der Grundschläge | Wert des Grundschlages | Betonte Zählzeit | weniger betonte Zählzeit | unbetonte Zählzeit |
|---|---|---|---|---|---|
| 2/4 | 2 | Viertel | 1 | – | 2 |
| 3/4 | 3 | Viertel | 1 | – | 2, 3 |
| 4/4 | 4 | Viertel | 1 | 3 | 2, 4 |
| 2/2 | 2 | Halbe | 1 | – | 2 |
| 3/2 | 3 | Halbe | 1 | – | 2, 3 |
| 6/8 | 6 | Achtel | 1 | 4 | 2, 3, 5, 6 |
| 6/8 | 2 | Punkt. Viertel | 1 | – | 2 |

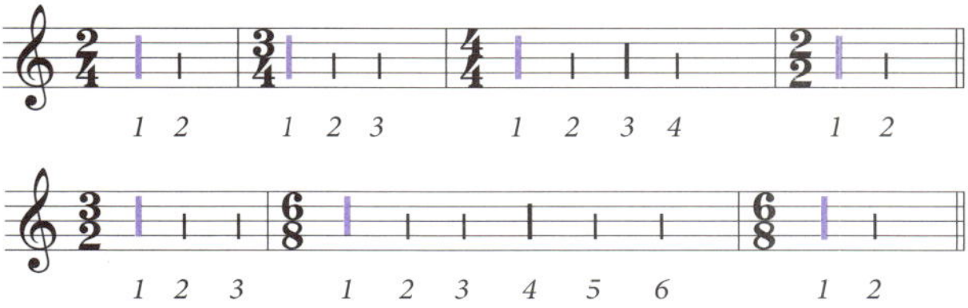


Mit **Rhythmus** bezeichnet man eine Folge unterschiedlicher Notenwerte, die sich vom Grundschlag oder Metrum abheben. Viele Musikstücke beginnen nicht mit einem vollständigen Takt (Volltakt) auf der ersten betonten Zählzeit, sondern auf einer unbetonten Zählzeit mit einem **Auftakt**. Der Auftakt am Beginn des Stücks und der letzte Takt des Musikstücks (Schlusstakt) ergeben zusammen wieder einen vollständigen Takt. (↗ S. 42)

Die **Synkope** verschiebt eine Betonung gegen die eigentlich üblichen Betonungen einer Taktart. Meist wird eine Synkope dadurch erzeugt, dass eine Note auf einer unbetonten Zählzeit an eine folgende betonte Note (auch über Taktstriche hinweg) durch einen Haltebogen angebunden wird. Eine Synkope kann auch durch die Umkehrung einer Punktierten und der sie ergänzenden Note entstehen:

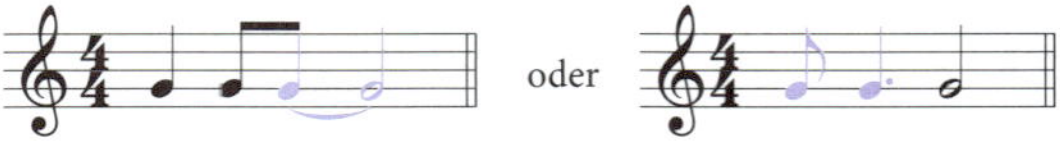


Die **Hemiole**, meist kurz vor dem Ende von Musikstücken, ist ein rhythmisches Gestaltungsmittel, bei dem in ungeraden Takten die Betonung kurzzeitig verschoben wird (z. B. im 6/8-Takt von 1. und 4. auf 1., 3. und 5.).

Der Dirigent eines Orchesters zeigt durch seine Bewegungen, welche Taktart das Musikstück hat. Die Anzahl der Grundschläge im Takt bestimmt das Dirigierbild. Die **Dirigierformen** für die wichtigsten Taktarten sehen so aus:

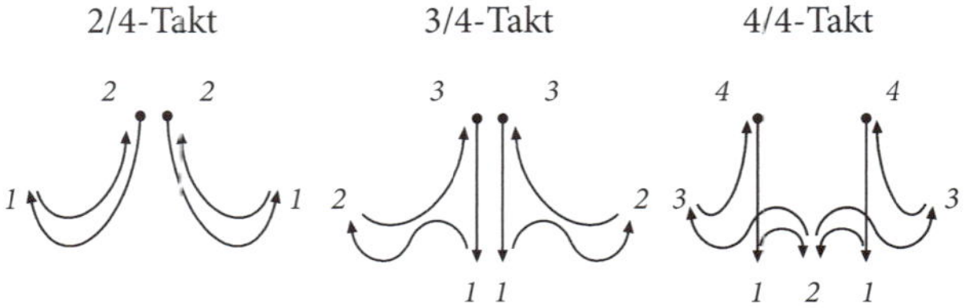

## 1.11 Akustik

Wo ein Ton hörbar werden soll, muss eine **Schwingung** entstehen. Das kann die Schwingung einer Saite, die Schwingung der Luftsäule in einem Blasinstrument oder die Schwingung der Stimmlippen im menschlichen Kehlkopf sein.



Wellenberg und Wellental werden gemeinsam als eine Schwingung registriert. Die Anzahl dieser Schwingungen pro Sekunde, man spricht auch von der **Frequenz**, werden nach dem Physiker Heinrich Hertz mit der Einheit **Hertz** (Hz) bezeichnet. Die Anzahl der Schwingungen pro Sekunde ist für die **Tonhöhe** entscheidend; der Ausschlag (**Amplitude**) der Schwingungen nach beiden Seiten hin ist für die Lautstärke verantwortlich.

Je kürzer eine Saite oder eine Luftsäule ist, desto schneller schwingt diese. Je schneller die Schwingung ist, desto höher ist auch der Ton, den sie erzeugt. Je langsamer die Schwingung ist, desto tiefer erklingt der Ton.

Bei Blasinstrumenten kann nicht nur durch das Verkürzen der Luftsäule ein höherer Ton erzeugt werden. Durch stärkeren Blasdruck wird die Luftsäule halbiert, gedrittelt, geviertelt usw. Man spricht vom Überblasen. Die so entstehenden Töne bezeichnet man als **Naturtonreihe**. Die Intervalle zwischen den Naturtönen werden immer kleiner: Oktave, dann Quinte, Quarte, große Terz, kleine Terz, usw.

Die durch ein Instrument erzeugten Schwingungen werden auf die umgebende Luft übertragen. Sie verbreiten sich in alle Richtungen gleichmäßig. Erst wenn sie an das menschliche Ohr gelangen, entsteht der Höreindruck. Dieser setzt sich zusammen aus der Tonhöhe (Frequenz), der Lautstärke (Amplitude) und der **Klangfarbe**. Die Klangfarbe wird dadurch beeinflusst, wie viele Obertöne mitschwingen (Blockflöten erzeugen z. B. einen obertonarmen Klang, Violinen einen sehr obertonreichen).

Ein reiner Ton ohne Obertöne kann nur elektronisch erzeugt werden.

## 1.12 Italienische Musik-Begriffe

Seit dem Barockzeitalter werden die „Ausführungsvorschriften“ (**Musizierangaben**), also die Hinweise, wie ein bestimmtes Musikstück zu spielen oder ein Lied zu singen ist, in italienischer Sprache geschrieben.

Die wichtigsten Begriffe sind hier aufgeführt:

| Italienisch | Deutsch |
|---|---|
| Geschwindigkeit (tempo) | |
| largo | breit |
| lento, adagio | langsam |
| adagietto | mit heiterem Charakter |
| grave | schwer |
| andante | gehend |
| moderato | mäßig, nicht zu schnell |
| allegramente | munter |
| allegretto | mäßig bewegt |
| allegro | heiter, schnell |
| vivace | lebhaft |
| presto | schnell |
| prestissimo | sehr schnell |
| ritardando (rit) | langsamer werden |
| accelerando (acc) | schneller werden |
| Lautstärke | |
| piano pianissimo (ppp) | sehr, sehr leise |
| pianissimo (pp) | sehr leise |
| piano (p) | leise |
| mezzopiano (mp) | mittel leise |

| Italienisch | Deutsch |
|---|---|
| mezzoforte (mf) | mittel laut |
| forte (f) | laut |
| fortissimo (ff) | sehr laut |
| forte fortissimo (fff) | sehr, sehr laut |
| crescendo (cresc.) | lauter werden |
| decrescendo (decresc.) | leiser werden |
| diminuendo (dim.) | schwächer werdend |
| sforzato (sfz.) | stark betont |
| weitere Ausführungshinweise | |
| legato | weich aneinandergebunden |
| staccato | hart getrennt zu spielen |
| appassionato | leidenschaftlich |
| comodo | gemächlich |
| con moto | mit Bewegung |
| con fuoco | mit Feuer |
| con passione | mit Leidenschaft |
| molto ... | viel, sehr ... |
| non troppo ... | nicht zu viel, nicht zu sehr ... |
| più | mehr |
| poco | wenig |
| a tempo | in derselben Geschwindigkeit wie vorher |
| misterioso | geheimnisvoll |
| poco a poco | nach und nach |
| da capo (d. c.) | noch einmal von vorne |
| Fine | Ende |
| Fermate | Haltepunkt |

## Teste dein Wissen!

| Kapitel „Musiktheorie“ | O. K. ✓ | Das muss ich noch mal lesen |
|---|---|---|
| Ich kann die Töne der Tonleiter auswendig aufsagen und die unterschiedlichen Lagen deuten. | | S. 7, 8 |
| Ich kann die Vorzeichen „Kreuz“ und „B“ vor einer Note erklären. | | S. 9, 10 |
| Ganztonschritte und Halbtonschritte kann ich unterscheiden und die Intervalle von Prime bis Oktave bilden. | | S. 11–17 |
| Ich kann die Unterschiede der Dur- und Molltonleitern benennen und weiß, wie diese gebildet werden. | | S. 18–23 |
| Ich kann die Grundlagen der Generalbassbezifferung darstellen. | | S. 34–36 |
| Ich kann Notenlängen (Ganze, Halbe usw.) benennen und die entsprechenden Pausenzeichen zuordnen. | | S. 37, 38 |
| Ich weiß, wie Punktierte und Triolen gebildet werden. | | S. 39 |
| Ich kenne die unterschiedlichen Taktarten und kann die betonten und unbetonten Zählzeiten benennen. | | S. 41 |
| Ich kann den 2/4-Takt, den 3/4-Takt und den 4/4-Takt dirigieren. | | S. 42 |
| Die Grundlagen der Akustik sind mir vertraut und ich kann die Begriffe „Frequenz“, „Hertz“ und „Amplitude“ erklären. | | S. 43 |
| Ich weiß, was die Geschwindigkeitsbezeichnungen largo, andante, allegro, vivace, presto und ritardando auf Deutsch bedeuten und kann sie definieren. | | S. 44 |
| Ich kann die Lautstärkebezeichnungen piano, mezzoforte, forte, crescendo und decrescendo auf Deutsch benennen. | | S. 44, 45 |

# Europäische Musikgeschichte



Die europäische Musikgeschichte lässt sich in sechs musikalische Epochen einteilen: Mittelalter, Renaissance, Barock, (Wiener) Klassik, Romantik und Moderne.
Nicht immer sind die Abgrenzungen zwischen den Epochen eindeutig und mit Jahreszahlen zu belegen. So geht z. B. die Spätrenaissance nahtlos in den Frühbarock über. Ludwig van Beethoven (1770–1827) war ein Komponist der Klassik, starb aber nur gut ein Jahr vor Franz Schubert (1797–1828), einem der bedeutendsten Komponisten der Romantik.

## 2.1 Mittelalter

Das Mittelalter umfasst etwa den Zeitraum von 500 bis 1450 n. Chr. Die musikalischen Entwicklungen des Mittelalters bildeten die Grundlage für die gesamte musikalische Tradition in Europa bis 1900.

Das **Mittelalter** wird in drei Phasen eingeteilt:
a frühes Mittelalter, Gregorianik (6.–10. Jh.)
b hohes Mittelalter, Ars antiqua (11.–12. Jh.)
c spätes Mittelalter, Ars nova (13.–15. Jh.)

Im frühen Mittelalter spielt die **Gregorianik** die bedeutendste Rolle. Sie ist die kirchliche Musik ihrer Zeit und ein einstimmiger, lateinischer Gesang. Dieser wird von einer Person (solistisch), von einer als Schola bezeichneten Singgruppe (chorisch) oder wechselseitig im Gottesdienst ohne Instrumentalbegleitung (a capella) vorgetragen. Der Gesang wird vom Vorsänger (Kan-

tor) geleitet. Weltliche Musik dieser Epoche ist praktisch nicht überliefert. Der gregorianische Gesang geht auf Papst Gregor I., „den Großen“, zurück. Dieser ordnet um 600 n. Chr. die Musik der römischen Kirche neu und in Erzbistümern und Klöstern werden die verschiedenen Gesänge gesammelt. Im 9. Jh. wird der gregorianische Gesang im gesamten fränkischen Reich eingeführt und verdrängt damit regionale Sondertraditionen.
Im Mittelalter gibt es verschiedene Versuche, die Musik zu notieren. Erst Guido von Arezzo (992–1050) erfindet ein System, in dem die Tonhöhen auf Linien markiert werden. Dieses System ist die früheste Form unserer heutigen Notenschrift.
Die Melodien der in lateinischer Sprache gesungenen gregorianischen Choräle sind sehr schlicht und **syllabisch** angelegt (jede Note entspricht einer Textsilbe). Sie werden nur vereinzelt von einfachen **Melismen** (mehrere Töne je Textsilbe) unterbrochen. Der solistische Gesang tritt durch ausschweifende Melismatik hervor. Im 9. Jh. taucht zum ersten Mal die Orgel in der Kirche auf. Vorher waren Musikinstrumente in der Kirche verboten.

Im hohen Mittelalter entsteht, als wichtigste musikalische Entwicklung des Mittelalters, die erste **Mehrstimmigkeit**. Dabei wird die Hauptmelodie durch bis zu drei parallel geführte Begleitstimmen ergänzt. Diese Form der Mehrstimmigkeit wird als Organum bezeichnet. Später werden dann die Stimmen voneinander unabhängiger und selbstständig geführt. Einfache Musikinstrumente wie Flöte und Fidel (eine Vorläuferin der Violine) treten in Erscheinung.
Diese ersten Formen der Mehrstimmigkeit bringen der mittelalterlichen Musik neben der horizontalen Achse (Melodieverlauf) nun noch die vertikale Achse (Harmonie, Zusammenklang der Stimmen). Nun werden auch Tonlängen genauer definiert. Eine lange Note dient als Basis, die absolute Länge ergibt sich hierbei aus dem Tempo des Stückes. Durch das Teilen dieser Note in Halbe Noten, Viertel- und Achtelnoten entstehen unterschiedliche Tonlängen.

Die **Ars antiqua** bezeichnet die auf Frankreich konzentrierte Musik in der Zeit von 1230 bis 1320. Erste Formen der Notenschrift (**Mensuralnotation**) werden festgelegt.

Die **Ars nova** bezeichnet die französische Musik des 14. Jahrhunderts. In dieser Zeit wird die Notation verfeinert. Vielfältige Rhythmik und Harmonik kennzeichnen die weltlichen Liedsätze und die geistliche Musik (Motetten) dieser Epoche. Obwohl die Ars nova auf Frankreich begrenzt bleibt, strahlt sie auch nach England, Italien und Deutschland aus.



Aus dem späten Mittelalter ist nur in geringem Maße auch Volks- und Tanzmusik überliefert. Auch diese Musik ist überwiegend gesangsorientiert. Weltliche Melodien ähneln den kirchlichen Liedern (**Kontrafraktur**). Die **Spielleute** sind die Unterhaltungsmusiker ihrer Zeit. Ihre Aufgabe ist neben Musik und Gesang aber auch das Vorführen von Kunststücken und Schauspiel-Einlagen. Bezahlt werden die Spielleute meistens in Naturalien, selten hingegen mit Geld. Am Hof erhalten sie auch abgelegte Kleider, deshalb ihre bunte, auffallende Garderobe.
Als umherziehende Musiker übernehmen sie auch den Transport von Nachrichten und sind als „Journalisten" tätig. Die Spielleute stehen auf der untersten gesellschaftlichen Stufe, haben kaum Rechte und dürfen auch keine Waffen tragen. Innerhalb ihres Standes haben die Spielleute unterschiedliche Stufen, abhängig von dem jeweils gespielten Instrument und der Begabung.
Am Ende des 13. Jahrhunderts werden die Spielleute in die bürgerliche Gesellschaft eingegliedert. In den Städten bilden sie zunftähnliche Gemeinschaften. Die Spielleute schreiben ihre Musik kaum auf. Über bekannte Melodien wird, je nach Können, improvisiert.

Auch in den führenden Gesellschaftsschichten gibt es Musiker. In Frankreich heißen diese **Troubadours** oder Trouvères, in

Deutschland sind es in der zweiten Hälfte des 12. Jahrhunderts die **Minnesänger**. Sie sind Textdichter, Komponisten und Sänger ihrer Lieder zugleich. Anspruchsvolle Texte lassen auf Bildung sowohl bei den Dichtern als auch bei den Zuhörern schließen. Ein großer Teil ihrer Texte sind Liebesgedichte (Minne). Der bekannteste Minnesänger ist Walther von der Vogelweide (1168–1228). Seine Texte handeln von der Verehrung für die geliebte, aber unerreichbare Herrin (Hohe Minne), sowie von sozialen, religiösen und politischen Inhalten. Seit dem 13. Jahrhundert sind Texte der Minnesänger überliefert, die Überlieferung von Melodien beginnt erst mit dem 14. Jahrhundert.

Das Mittelalter endet mit dem ausgehenden 15. Jahrhundert. Als Übergang zur Renaissance wird zum einen die Erfindung der Buchdruckerkunst durch Gutenberg (um 1455), zum anderen die Entdeckung Amerikas durch Columbus (1492) angesehen.

## 2.2 Renaissance

Die Renaissance (franz.: Wiedergeburt) umfasst das 15. und 16. Jahrhundert. In den verschiedenen Künsten (Baukunst, Malerei usw.) ist damit die Wiedererweckung des klassischen Altertums gemeint. Auf die Musik trifft dies nicht zu, da die antike Musik nicht überliefert wurde. Das Bedürfnis der Antike, den Menschen in den Mittelpunkt zu stellen und nach den Idealen Schönheit, Natürlichkeit, Verständlichkeit und sinnlicher Erfahrbarkeit zu streben, findet sich aber auch in der Musik der Renaissance wieder. In dieser Zeit werden auf dem Gebiet der Musik das erste Mal theoretische Grundlagen festgelegt.

Kennzeichen der Musik der **Renaissance** sind

- Streben nach Wohlklang (Entwicklung einer funktionalen Harmonik und Gesanglichkeit in Vokalkompositionen),
- Prachtentfaltung (z. B. durch Mehrchörigkeit, das heißt, meh-

rere Gesangs- und Instrumentalchöre musizieren gemeinsam, etwa in Kirchen von verschiedenen Plätzen aus),
- kompositorischer Ausdruck des Textes (Textinhalte sind in der Art der Musik wiederzuerkennen),
- die einzelnen Melodien mehrstimmiger Vokalkompositionen bilden Akkorde (Mehrklänge),
- die einfache, durch den Atem der menschlichen Stimme gegliederte Melodie wird zum Ideal.



Im Mittelalter musizierten Instrumente immer gemeinsam mit Chören, wobei die Instrumente immer die Chorstimmen verdoppelt haben. So wurde z. B. ein mehrstimmiger Satz gleichzeitig vom Chor gesungen und vom Blockflötenensemble gespielt. In der Renaissance hingegen entwickelt sich eine von der Vokalmusik unabhängige und eigenständige Instrumentalmusik. Das einzelne Musikwerk als solches entsteht.

War in der Ars nova (Mittelalter) noch Frankreich das Zentrum der europäischen Musik, so verlagert sich dieses zum einen nach Flandern und in die Niederlande, zum anderen nach Italien.

Die **Mehrstimmigkeit** in der Renaissance ist immer noch die Summe gegeneinander gestalteter Einzelstimmen. Gab es im 11. und 12. Jahrhundert noch den zweistimmigen Satz (Melodie: Cantus/ Choraltenor und Oberstimme: Discantus), so kam im 13.–15. Jahrhundert eine weitere Gegenstimme zur Melodie (Choraltenor und Kontratenor) hinzu, die sich häufig kreuzten. Schließlich spaltete sich der Kontratenor in eine hohe Stimme (Altus) und eine tiefe Stimme (Bassus).
Der **vierstimmige Satz** ist am Ende des 15. Jahrhunderts die Norm mit
- Discantus oder Sopranus als Melodiestimme,
- Altus als Füllstimme,
- Tenor als tragender Stimme und
- Bassus als tiefster Stimme (Grundlage).

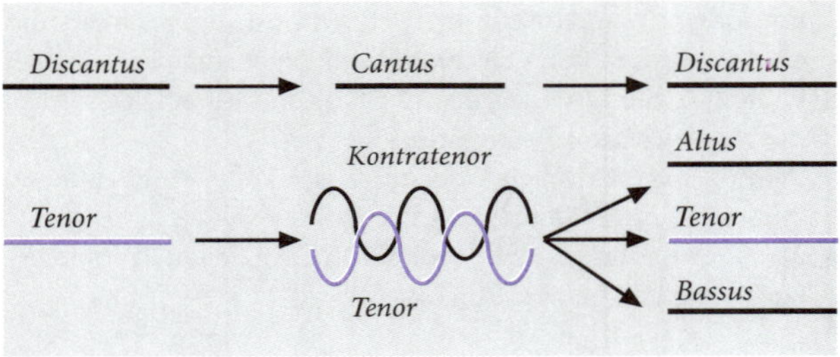


Bis heute ist der vierstimmige Satz in dieser Form gebräuchlich, zum Beispiel im gemischten Chor mit den Stimmen Sopran, Alt, Tenor und Bass.
Am Ende dieser Entwicklung steht der vierstimmige **Akkord** als Grundlage für den Barock, das sogenannte Generalbasszeitalter. Nicht nur der Akkord entsteht, auch die Dreiklangsfunktionen (Tonika, Subdominante, Dominante) werden festgelegt.

Die Kirchentonarten des Mittelalters verschwinden. An deren Stelle treten die **Tongeschlechter** Dur und Moll.

Einige bedeutende **musikalische Formen** in der Renaissance sind:

- **Messe**: Die Messe (als vertonter katholischer Gottesdienst) erlebt einen Höhepunkt. Die Vierstimmigkeit wird (um 1440) zur Norm erhoben, auch Messen für sechs oder acht Stimmen werden geschrieben. Alle vier Stimmen sind (nach 1450) gleichberechtigt. Die bedeutendsten Messen stammen von Palestrina (16. Jh.). Gabrieli überträgt 1597 die Doppelchörigkeit und den instrumental begleiteten Sologesang auf die Messe.
- **Motette**: mehrstimmige Vokalmusik, die sich in der Renaissance an die Kirchenmusik bindet (vorher wurden auch weltliche Motetten geschrieben); diese Bindung ist bis heute fast ausnahmslos beibehalten.

- **Madrigal**: mehrstimmiges Chorlied, entsteht im 16. Jahrhundert in Italien, es legt die weltliche Dichtung kunstvoll aus, Hauptvertreter ist Claudio Monteverdi.
- protestantisches **Kirchenlied**: Der Reformator Martin Luther übernimmt Melodien weltlicher Lieder und unterlegt sie mit geistlichen, deutschen Texten. Diese veröffentlicht er in eigenen Sammlungen und begründet damit das protestantische Kirchenlied.



Am Ende des 16. Jahrhunderts entsteht in Anlehnung an die griechische Antike in Italien die **Monodie**, ein durch schlichte Akkorde (Generalbass) begleiteter Sologesang. Auch hierbei deutet die Musik durch ihren Ausdruck den Text.

Kennzeichen der Monodie sind
- sorgfältige Textdeklamation,
- schneller Wechsel von langen und kurzen Tönen,
- großer Ambitus (Tonumfang),
- dissonante Tonsprünge,
- Chromatik.

Aus der Monodie entwickeln sich im Barock die Arie und das Rezitativ.
Als **homophone Satzweise** bezeichnet man eine Kompositionsweise, bei der alle Stimmen im gleichen Rhythmus (in Akkorden) geführt werden oder die Melodiestimme von Akkorden begleitet wird (z. B. beim Choral).
Als **polyphone Satzweise** bezeichnet man eine Kompositionsweise, bei der alle Stimmen melodisch und rhythmisch eigenständig geführt werden (z. B. Motette, Fuge, ↗ S. 113–114).

Die Entstehung der **Oper** in Italien (Claudio Monteverdi) leitet zum Zeitalter des Barocks über.

## 2.3 Barock

Der Barock (auch *das* Barock) bezeichnet die Zeit zwischen 1600 und 1750. Er wird auch das Generalbasszeitalter genannt. Die gesellschaftliche Ordnung besteht aus vier Gruppen: Adel, Klerus (die Kirche), Bürgertum und Bauern.

Drei Abschnitte kennzeichnen den Barock:

a Frühbarock (1590–1630)
b Hochbarock (1630–1680)
c Spätbarock (1680–1730)

Stilistisch gesehen ist die Zeit des Barocks die Zeit der stark verzierten und theatralisch wirkenden Kunst, in Ölgemälden wie auch im Baustil wird das sehr deutlich. Die absolutistischen Herrscher regierten, luxuriöse Kleidung und ausschweifende Feste gehören zu ihrem Leben. Die Lebenshaltung der weltlichen und kirchlichen Herrscher dieser Zeit ist sehr ähnlich. Die Menschen leben sehr leidenschaftlich und genießen ihr Leben – weil sie auch Krieg und Armut kennen: In Deutschland z. B. tobt der 30-jährige Krieg (1618–1648). Der Umgang der Menschen miteinander ist streng normiert. Jeder spielt eine ihm zugeordnete Rolle und ist nicht er selbst. Dazu gehören die Anrede, ein strenges Hofzeremoniell, die Perücke, der Schreibstil.

Für die Musik trifft diese Norm jedoch nur teilweise zu. Strenge und klare Formen (z. B. Kirchenchoral) einerseits stehen stark verzierten, reich ausgestalteten Formen (zum Beispiel italienischen Opern) andererseits gegenüber. Einen einheitlichen Barockstil gibt es in Europa demnach nicht.

Kennzeichnend für den Barock sind das Entstehen

- der Tongeschlechter Dur und Moll,
- der Oper,
- des Oratoriums,

- der Messe und Kantate,
- der Solo-Sonate bzw. des Solokonzerts (↗ S. 112–113),
- des Concerto grosso (↗ S. 112),
- und der Tanz-Suite (↗ S. 110).

Die italienischen Fachbegriffe wie „allegro" (↗ S. 44–45) werden in ganz Europa als musikalische Bezeichnungen benutzt.



Im Barock entsteht zum ersten Mal das **Orchester** (↗ S. 102–105) mit verschiedenen Instrumentengruppen (Streicher, Holzbläser usw., noch keine Klarinette), wie wir es heute kennen. Dieses ermöglicht durch verschiedene Klangfarben größere Ausdrucksmöglichkeiten. Die Grundlage des barocken Orchesters bildet – wie heute noch – die Streicherfamilie mit Violinen, Violen, Violoncelli und Kontrabässen.

Die **Orgel** (↗ S. 99) erlebt im Barock ihren Höhepunkt. Neben ihrem Einsatz als begleitendes Instrument im Gottesdienst werden zahlreiche virtuose Solostücke für Orgel komponiert. Johann Sebastian Bachs Toccata und Fuge in d-Moll sind die bekanntesten Werke für Orgel überhaupt.

Die barocke **Motette** ist eine mehrstimmige Vokalkomposition, die selten von Instrumenten begleitet wird. Ihre Texte stammen häufig aus der Bibel. Der Text gliedert die Musik, das bedeutet: Beginnt ein neuer Textabschnitt, eine neue Sinneinheit, so wird dies auch in der Musik deutlich. Der Text wird eindringlich vorgetragen, die Musik interpretiert die Textaussage. Häufig werden Motetten für mehrere Chöre (z. B. doppelchörig) komponiert, die dann in Kirchen von verschiedenen Emporen (sozusagen „stereo") aufgeführt werden.

Im Barock entsteht die **Kantate** als besondere musikalische Form. Während die Motette in ihrer Bedeutung zurücktritt, gewinnt die Kantate in der ersten Hälfte des 18. Jahrhunderts mehr und mehr an Bedeutung. Sie hat meistens einen geistlichen Text und erklingt in protestantischen Kirchen. Sie wird für bestimmte Anlässe komponiert: für die Gottesdienste an Kirchenfesten (z. B. Pfingsten), aber auch für Geburtstage von Königen oder zur Wahl des Rats einer Stadt. J. S. Bach hat in seiner Leipziger Zeit einige Jahre lang für jeden Sonntag eine Kantate komponiert. Mehrere Jahrgänge sind bis heute erhalten.

Die wichtigsten Elemente der Kantate sind
- ein Einleitungschor,
- ein Choral (ursprünglich Gemeindegesang),
- ein oder mehrere **Rezitative** (Sprechgesang, die Musik tritt zugunsten der Verständlichkeit des Textes zurück, die Handlung wird vorangebracht),
- eine oder mehrere **Arien** (größeres, orchesterbegleitetes Sologesangsstück oder Duett, Stimmungen und Gefühle werden ausgedrückt, Textteile werden mehrfach wiederholt).

Jede Kantate ist anders aufgebaut. Oft steht jedoch an ihrem Ende ein Choral.

Das **Oratorium** als sakrale (kirchliche) musikalische Gattung entsteht um 1640 als Gegenstück zur Oper. Jedoch werden Oratorien im Barock nur konzertant (also ohne szenische Darstellung wie in der Oper) aufgeführt. Erst im 20. Jahrhundert gibt es Versuche, barocke Oratorien auch szenisch darzustellen.
Das Oratorium besteht, genauso wie die Kantate, aus Arien, Rezitativen, Chorstücken, Chorälen und Instrumentalstücken. Es ist jedoch wesentlich umfangreicher als die Kantate und behandelt meist ein bestimmtes Thema. Eines der berühmtesten Oratorien überhaupt hat Georg Friedrich Händel 1742 in englischer Sprache komponiert: Der Messias. Es handelt vom gesamten Lebensweg Jesu, von seiner Geburt über die Kreuzigung bis hin zur Auferstehung. J. S. Bach hat im Weihnachtsoratorium, das aus sechs einzelnen Kantaten besteht, die Weihnachtsgeschichte ver-

tont. Wird in einem Oratorium die Leidensgeschichte Jesu (Kreuzigung und Tod) dargestellt, so wird diese Sonderform als **Passion** bezeichnet.

Die **Messe** besteht als katholische Gottesdienstform aus den fünf Teilen Kyrie, Gloria, Credo, Sanctus und Agnus dei. Im Barock löste die Messe sich von ihrer liturgischen Zweckbestimmung für den Gottesdienst und wird zunehmend zum selbstständigen Musikwerk. Sie orientiert sich an der Kantate und wird auch von der italienischen Oper beeinflusst.



## 2.4 Wiener Klassik

Die Zeit der Klassik beginnt etwa um 1730 (Vorklassik). Die drei großen Komponisten der Klassik sind die Wiener Komponisten Joseph Haydn, Wolfgang Amadeus Mozart und Ludwig van Beethoven. Daher stammt auch die Epochenbezeichnung **Wiener Klassik** als Abgrenzung zum Begriff **Klassik** für jegliche Musik aus vergangenen Jahrhunderten. Der Übergang zwischen Barock und Klassik ist fließend, endgültig endet der Barock aber mit dem Tode J. S. Bachs 1750. Das Ende der Klassik ist fließend. Auch hier wird als Grenze zur Romantik etwa der Tod Beethovens (1827) gesehen.

In der **Vorklassik** (**Rokoko**) wenden sich die Komponisten vom als zu schwülstig, kompliziert und künstlich empfundenen Stil des Barock ab. Die Musik wird gefälliger und überschaubarer. Sie ist durch regelmäßige, symmetrische Taktgruppen (z. B. zweimal acht Takte) gekennzeichnet.

Es werden zwei unterschiedliche Stile voneinander abgegrenzt:

a galanter Stil,

b empfindsamer Stil.

Der **galante Stil** setzt sich um 1740 vom kontrapunktischen (polyphonen) Stil des Hochbarocks ab.

Verständlichkeit und Natürlichkeit sind die Kennzeichen dieser Kompositionsweise. **Merkmale des galanten Stils** sind

- gesangliche Melodien,
- leichte und reichhaltige Verzierungen und Ornamentik,
- einfache Begleitung,
- wechselnde Dynamik.

Die Musikstücke des galanten Stils sind unterhaltsam und leicht.

Der **empfindsame Stil** (um 1750) hingegen ist eine Stilrichtung, die vorwiegend in Mittel- und Norddeutschland auftritt. Einer ihrer Vertreter ist der Bach-Sohn Carl Philipp Emanuel Bach. Die Musik ist stark durch persönlichen, unmittelbaren und gefühlsbetonten Ausdruck getragen. Die Qualität der Musik wird nicht durch die Vernunft, sondern durch das Gefühl beurteilt und begreift sich als Abbild von Empfindungen.

Unabhängig voneinander vollzieht sich der Stilwandel vom Barock zur Klassik in Italien, Frankreich und Deutschland.

Die gesellschaftliche Entwicklung (Französische Revolution, Aufstieg des Bürgertums) trägt dazu bei, dass die Musik von den Höfen und Kirchen nun auch in die Konzertsäle gelangt. Der Einfluss der Kirche geht zurück. Das bürgerliche Publikum will unterhaltsame Musik hören, die leicht verständlich ist und die Gefühle anspricht. Durch diese Entwicklung bildet sich auch der Beruf des freien Komponisten, der seine Werke verkaufen muss. Er ist nicht mehr Angestellter der Kirche oder des Hofes.

Die Musik der **Wiener Klassik** hat folgende Merkmale:
- Natürlichkeit
- Klarheit
- Ausgewogenheit
- Übereinstimmung von Form und Inhalt



Einige musikalische Formen entstehen erst in der Klassik, gewinnen hier an Bedeutung oder erleben einen Höhepunkt:
- Sonate (↗ S. 115–117)
- Sinfonie (↗ S. 117)
- Solokonzert (↗ S. 112–113)
- Streichquartett und andere Kammermusikformen
- Oper (↗ S. 118–119)

Das moderne Orchester, wie wir es heute noch kennen, entsteht. Die Instrumentalmusik ist gleichberechtigt neben der Vokalmusik. Kompositionen der Klassik setzten sich aus kleinsten Sinneinheiten zusammen, die symmetrisch zusammengefügt werden. Alles hat seine Form. Ein Thema, am Anfang vorgestellt, wird durch ein ganzes Stück hindurch immer wieder aufgegriffen. Musikstücke bleiben nicht mehr nur in einer Tonart, Vorzeichen können sich auch verändern. Dadurch kommt es zu

a Modulationen in andere Tonarten,
b Chromatik,
c Dissonanzen.

Die Dynamik in Stufen (Barock) wird abgelöst durch eine fließende Dynamik. Es entstehen *crescendo* (lauter werden) und *decrescendo* (leiser werden). Hierin deutet sich die nächste Epoche, die Romantik, bereits an.

Noch heute ist die Bedeutung klassischer Kompositionen für die musikalische Entwicklung in Europa sehr groß. Die Werke der Klassik sind die in Konzertsälen am meisten gespielten Musikstücke.

## 2.5 Romantik

Die Romantik umfasst etwa den Zeitraum von 1830 bis 1900. Die Musik wird vor allem vom Bildungsbürgertum getragen. Zum einen entstehen sehr anspruchsvolle Musikwerke, zum anderen jedoch auch viel musikalischer Kitsch. Durch die zunehmende Verbreitung des Klaviers und den technischen Fortschritt im Notendruck wird die Musik einer breiten Masse zugänglich.

Musik erklingt vor allem als Hausmusik, in Salons, in großen, neu entstehenden Konzertsälen, in Opernhäusern und in Kirchen. Orchesterwerke werden länger, die Orchester selbst nehmen an Größe zu. Eine Reihe neuer Instrumente wird entwickelt (Bassklarinette, Kontrafagott).

Auch zahlreiche neue **Musikberufe** entstehen in der Romantik, die Einfluss auf die Musik haben:

- der Musikverleger, der Rechte einkauft und Musik drucken lässt,
- der Musikkritiker, der für Publikationen über Musik berichtet,
- der Virtuose, der von seinem Können lebt.

Neue Musikformen entstehen – als bedeutendste die **Programmmusik**. Sie hält sich nicht mehr an formale Modelle wie die Sinfonie oder Sonate der Klassik, sondern erzählt eine Geschichte und ist in ihrem Aufbau völlig frei. Eines der bekanntesten Stücke der Programmmusik ist Bedřich Smetanas (1824–1884) Zyklus „Mein Vaterland", in dem auch die „Moldau" vorkommt.
Ansonsten sind die musikalischen Formen der Romantik vielfältig: Es entstehen kleine Lieder, Kunstlieder und Charakterstücke, Salonmusik, Walzer, aber auch monumentale Orchesterwerke, Sinfonien und Chorwerke. Trotz alter Bezeichnungen lösen sich viele Formen von den Modellen der Klassik.

Die in der Klassik verwendeten Dreiklänge (Harmonien) auf den sechs Stufen der Grundtonleiter reichen den Komponisten der Romantik nicht mehr aus. Es entstehen immer neue Akkordfolgen. Zu den Dreiklängen kommen mehr und mehr dreiklangsfremde Töne hinzu. Die Musik wird farbenreicher, ausdrucksstärker und kantiger. Immer mehr unterschiedliche Töne erklingen gleichzeitig. Schließlich kommen die Komponisten der Romantik an ihre Grenzen. Am Ende der Romantik steht der Wandel von der Tonalität zur Atonalität.



Auch die Lautstärke (Dynamik) geht in der Romantik in die Extreme. Dreifaches Pianissimo ebenso wie drei- bis vierfaches Forte (↗ S. 45) treten auf. Die Dauer von Musikstücken ist höchst unterschiedlich. Konnte man sich in der Klassik noch darauf verlassen, dass eine Sinfonie selten länger als 40 Minuten dauert, so ist dies in der Romantik nicht mehr der Fall. Aber auch kleine und kurze Miniaturstücke, vor allem für kleine Besetzungen, entstehen.

Die musikalische Romantik kann in vier Zeitabschnitte eingeteilt werden:

- a Frühromantik (1800–1830)
- b Hochromantik (1830–1850)
- c Spätromantik (1850–1890)
- d Jahrhundertwende (1890–1914)

Die Romantik ist zunächst vorwiegend eine deutsche Erscheinung (Frühromantik) und wird beeinflusst von der Literatur. Carl Maria von Weber gilt mit seiner Oper „Freischütz" (1821) neben Franz Schubert als einer der ersten romantischen Komponisten. In dieser Oper treten volkstümliche Charaktere auf und sie ist sehr naturbezogen. Schubert trifft mit seinen Liedern und Instrumentalwerken den poetischen Geist der Frühromantik.

1830 breitet sich die Romantik über ganz Europa aus und wird zur Hochromantik. Ihr Zentrum ist nun Paris (das der Klassik

war ja Wien!). Prägend für die Zeit sind die Komponisten Hector Berlioz (1803–1869), Frédéric Chopin (1810–1849), Robert Schumann (1810–1856), Felix Mendelssohn Bartholdy (1809–1847) und Giuseppe Verdi (1813–1901).
Berlioz schafft mit seiner „Symphonie fantastique“ (1830) ein mystisches, unheimliches Musikstück (↗ S. 122), Chopin begeistert durch seine klangvollen Klavierstücke. Schumanns Musik ist poetisch und begeistert junge wie alte Zuhörer, Mendelssohn schafft romantische Musik mit klassischen Elementen.

Die **Spätromantik** beginnt nach der Deutschen Revolution 1848. Viele Komponisten der Hochromantik sterben in diesem Zeitraum (Mendelssohn, Chopin, Schumann). Die Musikwerke der älteren Generation (Wagner, Verdi, Liszt) werden reifer. Wagner entwickelt die romantische Oper der Hochromantik hin zu der von ihm geschaffenen Gattung „Musikdrama“.
Eine neue Musikergeneration entsteht. César Franck (1822–1890), Anton Bruckner (1824–1896) und Johannes Brahms (1833–1897) gewinnen an Bedeutung.
Das Entstehen nationaler Stilrichtungen kennzeichnet die Spätromantik. Die romantische Musik Frankreichs zum Beispiel ist von der Deutschlands nun deutlich zu unterscheiden. Nationale Schulen bilden sich: Brahms komponiert ein „Deutsches Requiem“, Smetana den Zyklus „Mein Vaterland“, Edvard Grieg die norwegische Sagenvertonung „Peer Gynt“.

Die Jahrhundertwende bildet den Abschluss der Romantik, spätestens mit dem Ausbruch des Ersten Weltkrieges endet diese Epoche. Bedeutende Komponisten dieses letzten Abschnittes sind Giacomo Puccini (1858–1924), Gustav Mahler (1860–1911), Claude Debussy (1862–1918) und Richard Strauss (1864–1949). Es entwickeln sich verschiedene Tendenzen. In Frankreich entsteht auch in der Musik der Impressionismus (Debussy), Arnold Schönberg (1874–1951) leitet mit seinem Übertritt zur freien Atonalität 1908 in Deutschland das Ende der Romantik ein.

## 2.6 Moderne oder Neue Musik

Die Musik des 20. Jahrhunderts wird als **Moderne** oder **Neue Musik** bezeichnet. Sie umfasst die verschiedensten musikalischen Strömungen dieses Jahrhunderts.

Den Beginn der Moderne kennzeichnet der Wechsel Arnold Schönbergs von der Tonalität zur Atonalität um 1908. Er und seine Schüler, u. a. Anton Webern und Alban Berg, werden als Zweite Wiener Schule oder Neue Wiener Schule bezeichnet. Mit diesem Verweis auf die Wiener Schule der Klassik deuten die Mitglieder auf die musikalischen Wurzeln ihres kompositorischen Schaffens. Zunächst komponieren sie ohne feste Regeln („freie Atonalität“).



Die Neue Musik (**Expressionismus**) bietet beim Gebrauch der musikalischen Mittel völlige Freiheit. Melodik, Harmonik, Takt und Form verlieren an Bedeutung.

Um 1920 entwickelt Arnold Schönberg die **Zwölftontechnik**. Alle zwölf Töne der chromatischen Tonleiter werden in einer frei festgelegten Reihenfolge verwendet, wobei sich kein Ton wiederholen darf, ehe die jeweils elf anderen erklungen sind. In welcher Oktavlage die einzelnen Töne dabei stehen, ist nicht von Bedeutung.
Jede Reihe kommt in vier verschiedenen Formen vor:
- in der Ausgangsform,
- als Umkehrung (horizontal gespiegelt),
- als Krebs (rückwärts gespielt),
- als Umkehrung des Krebses.

Alle Töne sind gleichberechtigt. Es gibt weder einen Grundton noch Leittöne oder festgelegte Harmonien.
Die Musik der Zweiten Wiener Schule blieb lange relativ unbekannt und wurde während des Nationalsozialismus als dekadent

verboten. Erst nach 1945 haben sich viele junge Komponisten, wie Karlheinz Stockhausen, Pierre Boulez, Luigi Nono, an ihr orientiert.

Neben der atonalen Musik entwickeln sich andere Musikrichtungen. Im **Neoklassizismus** (Igor Strawinski) werden Formen der Klassik wieder aufgegriffen und verändert. Béla Bartók ist Hauptvertreter einer Musikrichtung, die wieder stärker folkloristische Musikelemente aufnimmt (**Folklorismus**).

Aus der Zwölftonmusik entsteht nach dem Zweiten Weltkrieg die **Serielle Musik**. In ihr werden alle Toneigenschaften (Tonlänge, Tonhöhe, Dauer) von vorneherein in einem Ordnungsprinzip festgelegt. Für die Interpretation des Ausführenden bleibt wenig bis gar kein Spielraum. Ihren Höhepunkt erlebt die Serielle Musik zwischen 1950 und 1965. Hauptvertreter sind Oliver Messiaen, Karlheinz Stockhausen, Luigi Nono.

Nach 1950 kommt es in der Neuen Musik zu einem radikalen Bruch. Viele verschiedene Entwicklungen nehmen Einfluss. Improvisation spielt mehr und mehr eine Rolle, aber auch experimentelle Elemente bis hin zur Auflösung des Einzeltones.

In den späten 1970er Jahren werden wieder tonale Elemente eingesetzt. Es findet eine Besinnung auf die Romantik statt. Man spricht von der **Neuen Einfachheit**. Die Musik wird zusätzlich durch Elemente anderer Musikkulturen (ostasiatische, afrikanische, lateinamerikanische) sowie durch die der Rock-, Popmusik und des Jazz bereichert.

Nach und nach hält auch der Computer Einzug in die Musik. Eine einheitliche Musikrichtung, wie in den Jahrhunderten davor, ist am Anfang des 21. Jahrhunderts (bisher) nicht mehr erkennbar.

## Teste dein Wissen!

| Kapitel „Europäische Musikgeschichte“ | O. K. ✓ | Das muss ich noch mal lesen |
|---|---|---|
| Ich kann die sechs Epochen der europäischen Musikgeschichte benennen. | | S. 47 |
| Ich kann sagen, welchen Zeitraum das Mittelalter umfasst. | | S. 47 |
| Ich kann die Gregorianik erläutern. | | S. 47 |
| Ich kann den Zeitraum und die Kennzeichen der Renaissance aufzählen. | | S. 50–53 |
| Die musikalischen Formen Messe, Motette und Madrigal kann ich erläutern. | | S. 52, 53 |
| Ich kann den Unterschied zwischen homophoner und polyphoner Satzweise herausarbeiten. | | S. 53 |
| Ich weiß, welchen Zeitraum der Barock umfasst und kann die drei Abschnitte des Barock mit Jahreszahlen benennen. | | S. 54 |
| Kantate und Oratorium als musikalische Form des Barock kann ich beschreiben. | | S. 55–57 |
| Ich weiß, welchen Zeitraum die Klassik umfasst. | | S. 57 |
| Ich kann Merkmale der Klassik benennen und erklären, welche musikalischen Formen in der Zeit ihren Höhepunkt haben. | | S. 58, 59 |
| Ich weiß, welchen Zeitraum die Romantik umfasst und kann die vier Abschnitte mit Jahreszahlen benennen. | | S. 61 |
| Ich weiß, welchen Zeitraum die Moderne umfasst. | | S. 63 |
| Ich kann den bedeutendsten Vertreter der Zwölftonmusik nennen und weiß, wie diese funktioniert. | | S. 63 |
| Ich kann erklären, was Neoklassizismus und Serielle Musik sind. | | S. 64 |

# 3 Das 20. Jahrhundert

## 3.1 Spiritual, Blues und Jazz

Seit Beginn des 16. Jahrhunderts wurden rund 20 Mio. Schwarzafrikaner vom afrikanischen Kontinent nach Amerika gebracht. In den Südstaaten der USA arbeiteten diese unter erbärmlichen und erniedrigenden Umständen als Sklaven, vor allem auf Baumwoll- und Zuckerrohrplantagen.

Nach Amerika bringen die Sklaven ihre Musik und ihre Tänze mit, die in der westafrikanischen Heimat eine bedeutende Rolle gespielt hatten. Auf den Plantagen sind den Sklaven größere Zusammenkünfte nicht gestattet. Nur in kirchlichen Gottesdiensten und geistlichen Veranstaltungen unter freiem Himmel (Camp meetings) sind sie unter sich.

Bei diesen Zusammenkünften hören die Arbeiter Geschichten aus der Bibel, Geschichten von Verschleppung und Sklaverei. Sie fühlen sich verstanden und viele bekehren sich zum christlichen Glauben. Die **Spirituals**, die aus den traditionellen afrikanischen Gesängen und den biblischen Texten (z. B. Gefangenschaft der Israeliten in Ägypten und deren Befreiung durch Moses) entstehen, haben für die Sklaven große Bedeutung. Gleichzeitig übertragen sie diese Lieder auf ihre eigene Realität als Sklaven. Begriffe wie „deep river" stehen im biblischen Original für den Jordan-Fluss, im übertragenen Sinne zum Beispiel für den Atlantik, der die Sklaven von ihrer afrikanischen Heimat trennt. In den Spirituals ist meistens eine optimistische Stimmung zu verspüren. Nie wird die biblische Hoffnung auf eine neue, bessere Welt aufgegeben.

Spirituals sind im 18. und im 19. Jahrhundert unter den Sklaven weit verbreitet. Erst im 20. Jahrhundert werden sie durch berühmte schwarze Sänger und Musiker weltweit bekannt (Mahalia Jackson, Louis Armstrong).

In den 1930er Jahren übernimmt das Spiritual Elemente des Jazz und der Tanzmusik. Diese neuere Form heißt nun **Gospelsong**.

Aus der afrikanischen Tradition kommt auch das Prinzip des **Call and Response**. Ein Vorsänger singt etwas vor, alle Anwesenden nehmen das Vorgesungene auf und antworten gemeinsam. Noten- und Textkenntnisse sind hier nicht erforderlich.



Auch im **Blues**, der im 19. Jh. entsteht, geht es um die Unterdrückung der Sklaven und deren Leiden. Im Gegensatz zum Optimismus im Spiritual wird im Blues nur die Ausweglosigkeit, die Armut, Ungerechtigkeit, Rassendiskriminierung, Arbeitslosigkeit, soziale Ungerechtigkeit und Missachtung besungen.

In den 1920er Jahren erlebt der Blues seine Blütezeit. Ein zwölftaktiges Akkordschema, das Bluesschema, ist für ihn kennzeichnend:

| Akkord | C | C | C | C | F | F | C | C | G | F | C | C |
|---|---|---|---|---|---|---|---|---|---|---|---|---|
| Stufe | I | I | I | I | IV | IV | I | I | V | IV | I | I |

Im 12. Takt steht auch häufig die V. Stufe (G).

Neben diesem harmonischen Kennzeichen (es gibt auch achttaktige, 16-taktige Bluesschemata u. a.) gibt es ein melodisches Kennzeichen: Wahrscheinlich aus der afrikanischen Musik kommend, die keine Unterschiede zwischen Dur und Moll kennt, gibt es die *blue notes*. Sie sind erniedrigte Töne auf der dritten, fünften und siebten Stufe der Dur-Tonleiter. Die *blue note* auf der fünften Stufe wird auch als *flatted fifth* bezeichnet.

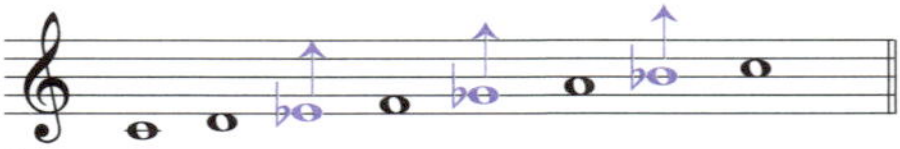

(↑ = *blue notes*)

Diese *blue notes* sind in ihrer Tonhöhe nicht genau festgelegt und werden vom klassischen Standpunkt aus als unsauber gespielte Töne (*dirty notes*) empfunden. Für die Farbe des Blues sind sie aber unerlässlich, ebenso wie das melancholische Blues-Feeling, dass man braucht, um einen guten Blues spielen zu können.
Der **Worksong**, das Arbeiterlied der Sklaven, wird vor allem zur Koordinierung der Arbeit gesungen, bei der Baumwollernte, beim Verlegen von Eisenbahnschwellen, beim Baumfällen, beim Rudern. Er ist nach dem Prinzip **Call and Response** aufgebaut. Ein Arbeiter, meist der Vorarbeiter, singt eine kurze Phrase vor, die Ruf-Phrase. Die Gruppe antwortet mit der gleichen oder einer abgewandelten Antwort-Phrase (Ruf und Antwort).
Zwischen 1880 und 1900 tritt in den USA ein neuer Klavierstil auf, der **Ragtime**. Europäische und afroamerikanische Elemente, der Marsch und die Salonmusik, verbinden sich mit Blueselementen und der Musik zum **Cake Walk** (sonntägliche Tanzwettbewerbe). Charakteristisch sind die Synkopen in der rechten Hand.
Der bekannteste Vertreter ist Scott Joplin mit dem Stück „The Entertainer". Der Ragtime ist eine wichtige Vorstufe zur Entstehung des Jazz.

Um 1900 entsteht in den Südstaaten der USA der **Jazz**. In seiner inzwischen über hundertjährigen Geschichte entwickeln sich eine Vielzahl von Stilrichtungen. Die zeitliche Einordnung sieht etwa so aus:

New-Orleans-Jazz (1900–1930)
Dixieland (1910–1925)
Chicago-Jazz (1925–1930)
Swing Jazz (1930–1945)

Bebop (1940–1955)
Cool Jazz (1950–1960)
West Coast Jazz (um 1955)
East Coast Jazz (um 1955)
Free Jazz (1960–1975)
Rock Jazz (seit 1970)
Jazz heute

Der Jazz entsteht, als die amerikanischen Schwarzen nach dem Vorbild der weißen Brassbands und Militärkapellen eigene Bands gründen. Spiritual, Blues, Worksong und Ragtime werden auf die Gegebenheiten in diesen Bands übertragen.



Zentrum des Jazz ist Anfang des 20. Jahrhunderts die Stadt New Orleans. Hier ist es vor allem das Vergnügungsviertel Storyville, in dem der erste voll ausgebildete Jazzstil, nämlich der **New-Orleans-Stil** entsteht.
Die New-Orleans-Band, die aus den Militärkapellen hervorgegangen ist, hat meist diese Besetzung

- drei Melodieinstrumente (Trompete, Klarinette, Posaune),
- Rhythmusgruppe (Klavier/Banjo oder Gitarre/Tuba oder Bass/Schlagzeug).

Die Trompete spielt in der Regel die Melodie des Musikstückes, die Klarinette umspielt diese Melodie höher und tiefer, die Posaune bildet eine ruhige, tiefer gelegene Gegenstimme. Die Rhythmusgruppe begleitet, indem sie das harmonische Grundgerüst und den Rhythmus vorgibt.
Von Anfang an gehört das Improvisieren über die Hauptmelodie zu den wichtigsten Merkmalen im Jazz. Im New-Orleans-Stil ist vor allem das Kollektiv-Improvisieren typisch, das heißt, alle Melodieinstrumente improvisieren gleichzeitig. Später setzt sich mehr und mehr das Solo-Improvisieren durch: Nur jeweils ein Melodieinstrument improvisiert, die Instrumente kommen nach Absprache oder spontan nacheinander an die Reihe.

1917 wird das Vergnügungsviertel Storyville in New Orleans geschlossen: Die Aktivitäten der Musiker verlagern sich in den Norden der USA, vor allem nach Chicago.

Typisch für die Geschichte des gesamten Jazz ist, was zehn Jahre nach der Entstehung des New-Orleans-Jazz mit ihm geschah: Um 1910 übernehmen weiße Musiker den Stil von den schwarzen Musikern, passen ihn dem Geschmack des weißen Publikums an und vermarkten ihn mit wesentlich größerem Erfolg. Der **Dixieland** entsteht. Dixieland ist die volkstümliche Bezeichnung der Südstaaten der USA. Der Dixieland ist die geglättete, nicht mehr so raue Variante des New-Orleans-Jazz, so fehlen z. B. die *blue notes*. 1917 wird die erste Jazz-Schallplatte überhaupt von einer weißen Dixieland-Band aufgenommen.
In den 1940er Jahren kommt es zu einem Wiederbeleben des Dixieland, er verbreitet sich in der ganzen Welt und wird auch in Deutschland bekannt.

Nach 1917 entsteht in Chicago durch die zugewanderten Musiker eine neue Richtung des Jazz. Der New-Orleans-Jazz ist hier sehr erfolgreich, bald verbreitet er sich über die Grenzen des Chicagoer Schwarzenviertels Southside hinweg. Die Weißen sind von der Musik begeistert, spielen sie nach und so entsteht der **Chicago-Jazz**.
Seine Merkmale sind vor allem:

- Die Tonbildung ist geglättet,
- die Kollektiv-Improvisation tritt zugunsten der Solo-Improvisation zurück,
- vermehrt wird nicht mehr einfach frei (ohne Noten), sondern nach vorgefertigten Arrangements gespielt,
- ein federnder, swingender Grundrhythmus mit Betonung der ersten und dritten Zählzeit im Takt.

Nach dem Börsenkrach im Oktober 1929 kommt es zur Weltwirtschaftskrise. Kleine Lokale müssen schließen, viele Musiker

sind arbeitslos. Nur die großen Ballsäle in den Städten überleben und brauchen entsprechend große Kapellen. Elektronische Übertragung durch Mikrofon und Lautsprecher gibt es zu diesem Zeitpunkt noch nicht. Die Big Bands entstehen. Schwarzer Jazz ist hier nicht mehr angesagt, es wird schnelle, swingende Tanzmusik benötigt. So entsteht um 1930 der **Swing**.
Die Big Band unterscheidet sich von der herkömmlichen Jazz-Combo:

- Die Melodieinstrumente sind mehrfach besetzt: 4 bis 5 Saxophone, 3 bis 4 Trompeten, 3 bis 4 Posaunen,
- die Klarinette verschwindet oder wird nur noch als Soloinstrument eingesetzt,
- das Banjo verschwindet,
- teilweise werden Streicher eingesetzt,
- die Rhythmusgruppe (Klavier, Gitarre, Bass, Schlagzeug) bleibt aber einzeln besetzt.



Während die Rhythmusgruppe durchgängig spielt, wechseln sich die anderen Gruppen in ihrer Funktion ab. Spielt eine Gruppe – z. B. die Tompeten – die Melodie, so spielen die anderen Gruppen nur kurze Einwürfe und umgekehrt.
Das Element der Improvisation tritt, auch wegen der Gruppengröße, in den Hintergrund. Nur ein Soloinstrument kann improvisieren. Was die anderen Instrumente spielen, ist festgelegt und als sogenanntes Arrangement in Noten niedergeschrieben.
Der Swing ist stark kommerzialisiert.

Ende der 1930er Jahre findet eine Rückbesinnung statt. Viele schwarze Musiker möchten wieder echten Jazz in kleinen Bands spielen. Der **Bebop** entsteht um 1940. Die Band-Besetzung ist meist Saxophon, Trompete, Klavier, Bass, Schlagzeug.
Doch der neue „alte" Stil stößt viele traditionelle Jazzer ab, weil er eben doch neu ist:

- Am Anfang und Ende des Musikstücks spielen Saxophon und Trompete einstimmig gemeinsam (unisono),

- das Klavier wirft gegen den Beat kurze Akkorde ein,
- der Bass übernimmt den durchgehenden Beat,
- das Schlagzeug spielt nur noch kurze, hektische Akzente,
- die Harmonik ist kühn und unerwartet,
- die Themen wirken zerrissen, sind kurz und sprunghaft,
- das Tempo ist schnell und gehetzt,
- die Harmonik ist kompliziert (übermäßige Akkorde usw.).

Mit dem Bebop gibt der Jazz seine Funktion als Tanzmusik auf. Bebop ist schwer zu spielen. Böse Zungen behaupten, damit wolle man sich von unerwünschten Mitläufern der Jazzszene distanzieren.

Nach dem zweiten Weltkrieg wenden sich viele Musiker vom Bebop ab. Der **Cool Jazz** (1950–1960) wird ruhiger und, auch bedingt durch die Folgen des Krieges, depressiver. Der Ton wird verhaucht, rau und gedämpft gespielt. Die Melodien sind ruhig und entspannt, Einsätze werden verschleppt. Der Charakter der Musik ist resigniert, melancholisch und introvertiert.
Der Cool Jazz wendet sich auch wieder vom Off-Beat (Betonung der 2 und 4) ab. Die Harmonik wird nochmals erweitert. Atonale Klänge sind aber im Cool Jazz noch die große Ausnahme.

Der **West Coast Jazz** entsteht um 1955 an der amerikanischen Westküste und wird vorwiegend von Weißen, oft Berufsmusikern, gespielt. Er entstand aus dem Cool Jazz und entwickelte keinen einheitlichen Stil. Exaktheit und Glätte im Spiel unterscheiden ihn vom übrigen Jazz dieser Jahre.

Das Gegenstück zum West Coast Jazz ist der **East Coast Jazz**, der in der selben Zeit an der Ostküste der USA entsteht. Er wird von Farbigen gespielt, hat nicht die Virtuosität und Eleganz des West Coast Jazz. Er besinnt sich wieder der Blues-Wurzeln und nimmt auch Elemente des Bebop wieder auf. Er ist besonders ausdrucksstark und rhythmisch betont.

**Free Jazz** (1960–1975) wird vom Publikum nur sehr zögerlich aufgenommen und teilweise sogar abgelehnt. Auf viele Hörer wirkt er abschreckend und er wird als elitär angesehen. Er stellt einen Stilbruch mit den bisherigen Entwicklungen im Jazz dar. Seine Merkmale sind

- ungewohnte, neue, dissonante (spannungsgeladene) Akkorde,
- ausgefallene Klang- und Geräuscheffekte,
- neuartige Spieltechniken,
- keine Strukturprinzipien (offene Form),
- fast ausschließlich Improvisation,
- starkes Aufeinanderhören und Aufeinandereingehen der Musiker (Gruppenimprovisation),
- keine Aufteilung in Solist und Begleitung,
- kein durchgehender Beat.



In den 1970er und 1980er Jahren verbinden sich Rock und Jazz zum **Rock Jazz**. Als gemeinsame Wurzeln haben sie den Blues. Neu ist der Einsatz von elektrisch verstärkten Musikinstrumenten oder elektronischen Instrumenten (z. B. Keyboards). Kraft und Klangfarbe der Rockmusik verbinden sich so mit der hoch entwickelten Improvisationskunst und Harmonik des modernen Jazz. Der Rock Jazz ist wieder wesentlich populärer als der Free Jazz. Ihm geht es um eine wirkliche Verschmelzung der beiden Stile, ohne dass einer der beiden im Vordergrund steht.

Im **Jazz Rock** (1970er Jahre) hingegen wird versucht, Elemente des Jazz in die Rockmusik mit einzubeziehen. Der Rock steht aber im Vordergrund und dominiert die Musik. Nur in Bläsersätzen und in der Improvisation kommen Jazzelemente zum Vorschein.

Der Jazz heute ist von einer großen Anzahl verschiedener Musikstile geprägt. Eine einheitliche Richtung ist (noch) nicht zu erkennen. Das rührt wahrscheinlich auch daher, dass noch

immer eine große Anzahl der Musiker, die frühere Stile geprägt haben, aktiv sind. Hinzu kommen jedoch zahlreiche neue, junge Musiker mit neuen musikalischen Ideen. Doch auch die Jazz-Musiker selber haben durch ihre große Offenheit gegenüber anderen Musikstilen diese Stilvielfalt mit geprägt.
Der Stilbegriff **Fusion Jazz** umfasst heute vor allem folgende Musikrichtungen:

- Rock Jazz/Electric Jazz
- Latin Jazz
- Funk Jazz
- HipHop Jazz
- World Music

Der heutige Jazz unterscheidet sich von der Rockmusik vor allem in folgenden Merkmalen:

a Improvisation steht immer noch im Vordergrund
b Jazz-Feeling (Swing und *blue notes*)
c Verwendung der traditionellen Jazz-Instrumente (Saxophon, Trompete, Posaune usw.)

## 3.2 Entwicklung der Pop- und Rockmusik

Neben dem Jazz entwickelt sich im 20. Jahrhundert aus dem Blues eine weitere Musikrichtung: die **Rockmusik**.

Nicht der Rock 'n' Roll, sondern der **Rhythm and Blues** (R'n'B) kennzeichnet den Beginn der Rockmusik. Der R'n'B ist in den 1940er/1950er Jahren aus dem Blues entstanden und wird überwiegend von farbigen Musikern in den amerikanischen Großstädten gespielt.
Im Laufe der 1940er Jahre kommt die Musik der Schwarzen vom Süden in die lauten Städte des Nordens der USA: nach Detroit, Chicago und New York.

Ihre Musik verändert sich:

- Sie wird (durch Großstadtlärm und volle Kneipen) lauter,
- es werden elektrisch verstärkte Gitarren eingesetzt,
- das Schlagzeug spielt durchdringender,
- Bläser kommen hinzu,
- der Sänger muss sich gegen die vielen Instrumente behaupten, indem er fast schreit,
- das Tempo wird schneller und ist besser zum Tanzen geeignet,
- die Texte werden aggressiver und anzüglich.



Diese Musik wird sehr bald von den Weißen nachgeahmt. Hinzu kommen Einflüsse aus der Country- und Westernmusik, so entsteht (um 1955) ein neuer Musikstil, der in der ganzen Welt bekannt wird, der **Rock ’n’ Roll**. Er verwendet vor allem das 12-taktige Harmonieschema des Blues.
Die Merkmale des Rock and Roll sind

- schnelles Tempo,
- Betonung des Offbeat,
- große Lautstärke,
- typische Besetzung: Gesang, Rhythmus-, Solo- und Bassgitarre, Schlagzeug (und auch Saxophon, Klavier).

Bekanntester Vertreter des Rock ’n’ Roll ist Elvis Presley. Ende der 1950er Jahre kommt der Rock ’n’ Roll auch nach Europa.

In Europa, besonders in Großbritannien entsteht Anfang der 1960er Jahre aus dem Rock ’n’ Roll und dem Rhythm and Blues eine neue Stilrichtung, der **Beat**. Er wird zusätzlich beeinflusst durch die eigenen Musiktraditionen in Großbritannien und gilt heute als der Anfang der europäischen Rockmusik.

Viele junge Bands entstehen, einige erlangen Weltruhm: die Beatles, die Rolling Stones, The Who u. a. Die Musik ist geprägt von Frust und Enttäuschung über die katastrophalen sozialen Verhältnisse der Zeit. Die Musik wird zu einem Ventil, seelische und gesellschaftliche Spannungen können abreagiert werden.

Die Beatles entwickeln aus dem Beat ihren ganz eigenen Sound. Sie treten in damals unkonventioneller Kleidung und mit ungewöhnlichen Frisuren auf. Ihre Musik spricht oft von Liebe. Neben dem Einsatz von drei Gitarren (Solo, Rhythmus und Bass) sowie dem hämmernden Schlagzeug ist der Gesang oft dreistimmig, was zu dieser Zeit noch sehr untypisch ist. Später werden auch für die Rockmusik untypische Instrumente (z. B. Streicher usw.) eingesetzt. In ihren Aufnahmen sind auch ungewöhnliche Geräusche zu hören (z. B. Blubbern und andere Geräusche in „Yellow Submarine“).

Parallel zum Beat in Großbritannien entsteht in den USA der **Soul**. Aus dem Rhythm and Blues entsteht unter Einfluss von Gospel, Spiritual, Blues und Jazz eine Musik, die die Gleichberechtigungsbewegung der Schwarzen in den USA unterstützt. Um 1970 wird der Soul sehr populär und weltweit vermarktet.

Einen Sonderweg in der Geschichte der Rockmusik geht der **Reggae**. Er gehört bis heute zum exotischen Rock und entsteht etwa um 1968 aus einer Mischung jamaikanischer Folklore, die noch stark durch ihre afrikanischen Ursprünge geprägt ist und dem amerikanischen Rhythm and Blues. Die Texte erzählen von der Not und dem Leid der schwarzen Slum-Bevölkerung Jamaikas, von Armut, von der Sehnsucht nach der afrikanischen Heimat und von der Rassendiskriminierung.
Bekanntester Reggae-Vertreter ist Bob Marley (1945–1981), der Sohn eines englischen Armeehauptmanns und einer jamaikanischen Sängerin.

Ende der 1960er Jahre entsteht der **Hard Rock**. Ziel der Musikgruppen ist es, dem Rock wieder seine ursprüngliche Kraft und Aggressivität zurückzugeben. Besonders charakteristisch für den Hard Rock sind die stark verzerrten, oft übersteuerten E-Gitarren. Hinzu kommt ein hämmernder Schlagzeugbeat im 4/4-Takt, der dröhnende E-Bass und eine extreme Lautstärke. Der Gesang ist oft mehr gebrüllt als gesungen.

Seit den 1980er Jahren wird aus dem Hard Rock der **Heavy Metal Rock** mit noch größerer Lautstärke, schärferen Klängen und schnellerem Tempo. Die Musik wird oft aggressiv und gewaltnah auf der Bühne präsentiert. Gesellschaftlich tabuisierte Zeichen und Symbole finden Verwendung. Immer wieder spielen Heavy Metal-Bands aber auch romantische, zarte Rock-Balladen.



In den 1990er Jahren entstehen zahlreiche Untergruppen des Heavy Metal Rock. Unter ihnen auch der **Gothic Rock**. Gothic ist schwermütig und geprägt von dumpfen, tiefen Klängen. Er befasst sich mit bizarren Gruselthematiken, Weltuntergangsvisionen, Totenkult und Jüngstem Gericht.

Ende der 1970er Jahre entwickelt sich ein weiterer Musikstil in den USA, der sich bald international durchsetzt: der **Rap**. Er wurde zuerst durch die Discjockeys in schwarzen Diskotheken der Großstädte geprägt. Der Text eines Musikstückes wird nicht mehr gesungen, sondern stark rhythmisiert gesprochen, eine Melodie gibt es nicht mehr. Begleitet wird der Rapper von einem Rhythmus-Hintergrund und dem E-Bass.
Beim Scratching wird die Schallplatte auf dem Plattenteller vom Discjockey vorübergehend angehalten und hin- und herbewegt, sodass interessante Geräuscheffekte entstehen.

Verwandt mit dem Rap ist der **Hip-Hop**. Er entsteht Mitte der 1980er Jahre im New Yorker Stadtteil Bronx. Dabei werden bereits vorhandene Musikausschnitte älterer Aufnahmen der Soul-, Funk- oder Rockmusik mit Rap-Gesang und einem Rhythmus zusammengemischt. Das Freestylen bezeichnet das frei improvisierte Rappen ohne vorgegebene Texte. In den Free-

style-Battles messen sich mehrere Rapper im Improvisieren. Das Publikum oder eine Jury entscheidet dann über den Sieger.
Zur Lebenskultur des Hip-Hop gehören außerdem der Breakdance und Graffiti, sowie eine bestimmte, z. T. weite Kleidung.
Inzwischen steht der Begriff Hip-Hop für zahlreiche rhythmisch geprägte Musikstile.

**Techno** entsteht Anfang der 1980er Jahre in Großbritannien und den USA. Er zeichnet sich durch den Einsatz von Synthesizer, Drum-Computer und Sampler vorwiegend in Tonstudios aus und wird oft als „synthetisch" bezeichnet. Live-Instrumente werden so gut wie gar nicht eingespielt, die Musik ist mechanisch und leblos. Extrem schnelle, hämmernde Grundrhythmen und Begleitungen verändern sich im Laufe der Musikstücke nur langsam.
Techno ist die gängige Tanzmusik in vielen Diskotheken. Die Tänzer sind an ihrer fantasievollen, grellbunten Kleidung und den oft ebenfalls bunt gefärbten Haaren zu erkennen. Seit einigen Jahren finden weltweit jeden Sommer große Techno-Umzüge (z. B. Love Parade) statt.
Ein weicherer Musikstil des Techno ist der Trance.

## Teste dein Wissen!

| Kapitel „Das 20. Jahrhundert“ | O. K. ✓ | Das muss ich noch mal lesen |
|---|---|---|
| Ich kann die Entwicklung und Bedeutung des Spirituals darstellen. | | S. 66, 67 |
| Ich kenne das Bluesschema und dessen Harmoniefolge. | | S. 67 |
| Ich kann Worksong und Ragtime als Vorläufer des Jazz erklären und den bekanntesten Vertreter des Ragtime nennen. | | S. 68 |
| Ich kenne die Stilrichtungen des Jazz und kann sie zeitlich einordnen. Die Hauptmerkmale sind mir bekannt. | | S. 68–74 |
| Ich kann die Unterschiede zwischen Jazz und Rockmusik benennen. | | S. 74 |
| Die Unterschiede zwischen Rhythm an Blues und Rock 'n' Roll kann ich aufzählen. | | S. 75 |
| Den Beat als englischen Ableger von Rhythm an Blues und Rock 'n' Roll kann ich beschreiben. | | S. 75, 76 |
| Ich kenne den Reggae als Mischform zwischen Rockmusik und Folklore. | | S. 76 |
| Die Unterschiede zwischen Hard Rock, Heavy Metal und Gothic Rock kann ich erklären. | | S. 76, 77 |
| Ich kann die Merkmale von Rap, Hip-Hop und Techno erläutern. | | S. 77, 78 |

# 4 Musik anderer Kulturkreise

Neben der Entwicklung der klassischen Musik in Mitteleuropa und der populären Musik in Nordamerika und Mitteleuropa gibt es zahlreiche weitere musikalische Entwicklungen, von denen hier nur einige kurz umrissen werden.

## 4.1 Europäische Volksmusik

Mit dem Begriff **Folklore** wird die Tradition eines Volkes bezeichnet. Dazu gehören neben den Volksliedern und Volksmusikinstrumenten auch die Märchen, Sagen und Bräuche. Einige typische musikalische Formen werden nachfolgend vorgestellt.

In Ungarn wurden ursprünglich als Volkslieder nur einfache, einstimmige Bauernlieder ohne Instrumente gesungen. Durch slawische Einflüsse entstanden mehrstimmige Gesänge, im 18. Jahrhundert kamen Instrumente hinzu. Ein typisch ungarisches Volksmusikinstrument ist das dem Hackbrett vergleichbare Cimbalom. Der Csárdás ist ein typischer sehr schneller und rhythmischer Tanz.

Für die Musik in Spanien steht vor allem der **Flamenco**. Er besteht aus Gesang, Tanz und Gitarrenspiel. Der Text handelt von der Klage, der Liebe oder der Sünde. Der Gesang ist sehr frei gehalten. Im Tanz hingegen wird Freude zum Ausdruck gebracht. Typisch ist die Begleitung durch Klatschen und durch Kastagnetten. Der Gitarrist begleitet zunächst und tritt dann als Solist hervor.

Auch Irland ist für seine Volksmusik bekannt. Violine, Flöte, Gitarre, irische Harfe und irischer Dudelsack sind typisch. Die Lieder entstammen einer langen keltischen Tradition und sind oft schwermütig und traurig. Die Tänze (z. B. Jig) hingegen sind schnell und sehr bewegt.

**Klezmer** ist seit dem 16. Jh. die traditionelle Instrumentalmusik der jiddischsprachigen Juden in Osteuropa. Sie wurde vor allem auf jüdischen Festen gespielt. Seit Mitte der 1980er Jahre erlebt die Klezmer-Musik in Deutschland ein Wiedererwachen. Typische Instrumente sind Violine, Klarinette und Kontrabass.



## 4.2 Außereuropäische Musik

Die Volksmusik der Türkei hat eine ganze Reihe von charakteristischen Musikinstrumenten. Die Saz ist eine Langhalslaute mit drei Saitenpaaren. Die Zurna ist ein Vorläufer der Oboe und hat einen scharfen, näselnden und durchdringenden Klang. Darbuka und Davul sind Trommeln, Erstere hat einen hellen Klang, Letztere ist eine Basstrommel und spielt die Grundschläge.
Das türkische Tonsystem besteht aus 24 Vierteltönen je Oktave. Aus diesen werden, um eine Tonleiter zu bilden, je 7 ausgewählt. Dadurch gibt es nicht nur Halb- und Ganztonschritte, sondern auch Dreiviertel-, Eineinviertel- und Eineinhalbtonschritte. Diese sind für die Klangfarbe typisch. Statt Taktarten werden unterschiedlich lange Grundrhythmen mit betonten und unbetonten Zählzeiten verwendet, die auf den tiefen und hohen Rhythmusinstrumenten gespielt werden.

Die Musik Afrikas ist geprägt durch zahllose verschiedene Rhythmusinstrumente. Dabei hat jedes afrikanische Land und jeder Volksstamm seine eigene Musik und seine eigenen Instrumente.

Eine weit verbreitete Trommel ist die Djembe. Sie wird aus einem Baumstamm geschnitzt und mit Ziegenfell bespannt. Daneben gibt es unterschiedliche Xylophonarten, Rasseln, Klappern, Glocken, Hörner, Saiteninstrumente usw.
Oft werden unterschiedliche Rhythmen mit unterschiedlichen Akzenten gleichzeitig gespielt. So entsteht ein vielfältiges Netz (**Polyrhythmik**). Die Melodien bestehen meist aus kurzen Ruf- und Antwortphrasen (Prinzip des **Call and Response**). Ein Vorsänger singt oder ruft ein kurzes Motiv, die Gruppe antwortet ihm.

Die heutige Volksmusik der Karibik (Kuba, Haiti, Dominikanische Republik, Jamaica, Puerto Rico, Honduras, Nicaragua, Costa Rica, Panama, Kolumbien, Venezuela) wurde vor allem durch die spanische Kolonialisierung seit dem 16. Jahrhundert und die Sklaven aus Afrika beeinflusst. Die Trommelrhythmen und Gesänge der Sklaven vermischten sich mit der mitteleuropäischen Harmonik und Melodik zu ganz neuen Musikstilen.
Eine Reihe von Grundrhythmen und Tänzen wird unter dem Begriff **Salsa** (= Soße) zusammengefasst: Cha-Cha-Cha, Mambo, Rumba, Bolero usw.
In den letzten Jahren findet die Musik der Karibik in Deutschland (auch bedingt durch die Musik und den Film „Buena Vista Social Club“) immer mehr Freunde.

Aus Brasilien kommt der **Samba**. Beeinflusst durch die afrikanische Herkunft hat dieser schnelle Tanz eine polyrhythmische Begleitung. Seit den 1950er Jahren ist der Samba auch in Europa bekannt und gehört heute zu den Tänzen internationaler Tanzturniere, aber natürlich auch zum brasilianischen Karneval.

Für Argentinien charakteristisch ist der **Tango**, ein Paartanz, dessen wichtigstes Musikinstrument das Bandoneon, ein Knopfakkordeon, ist. Er entstand im 19. Jahrhundert durch das Zusammentreffen der Musik spanischer, italienischer und französischer

Auswanderer mit Elementen der kubanischen Musik in Argentiniens Hauptstadt Buenos Aires. Wie die gesamte Musik Mittel- und Südamerikas erfreut sich auch der Tango in den letzten Jahren in Mitteleuropa zunehmender Beliebtheit.

Die Musik Indonesiens ist von zwei unterschiedlichen Tonsystemen geprägt: „pelog", das Ähnlichkeiten mit der Pentatonik hat und „slendro", welches so ähnlich wie eine Ganztonleiter klingt. Die Notation erfolgt mithilfe von Ziffern statt der bei uns üblichen Noten.

In Indien liegen der traditionellen Musik **Ragas** zugrunde, die zur Improvisation benutzt werden. Diese Ragas sind zum Beispiel bestimmten Tages- oder Jahreszeiten zugeordnet. Zu jedem Raga gehört eine Tonleiter. Nur diese darf bei der Improvisation verwendet werden. In der Mitte des 20. Jahrhunderts übernahmen die Beatles Elemente indischer Ragas, ein regelrechter Raga-Boom entstand.
Bekanntestes Instrument indischer Musik ist die Sitar. Sie hat einen bauchigem Korpus, fünf Melodiesaiten, zwei Bordunsaiten und bis zu 20 Resonanzsaiten, die einfach nur mitschwingen und ihr den charakteristischen, meditativen Klang geben.

## Teste dein Wissen!

| Kapitel „Musik anderer Kulturkreise“ | O.K. ✔ | Das muss ich noch mal lesen |
|---|---|---|
| Ich kenne die Definition von Folklore. | | S. 80 |
| Ich kann die wesentlichen Merkmale und Musikinstrumente der Folklore von Ungarn, Spanien, Irland und der Türkei aufzählen. | | S. 80, 81 |
| Ich kann den Begriff „Klezmer“ erläutern. | | S. 81 |
| Ich kenne einige Instrumente der afrikanischen Volksmusik und kann erklären, was hinter dem Begriff „Polyrhythmik“ steht. | | S. 82 |
| Ich kann die Tänze Samba und Tango Ländern zuordnen. | | S. 82 |
| Die Tonsysteme pelog und slendro als Merkmale der Musik Indonesiens kann ich erklären. | | S. 83 |
| Ich weiß, was Ragas sind, und kann ihre Merkmale benennen. | | S. 83 |

# Instrumentenkunde

Die Musikinstrumente werden primär nach der Art ihrer Tonerzeugung verschiedenen Gruppen zugeordnet. Sekundäre Einteilungskriterien sind Spielweise und Bau.

Dieses Klassifikationssystem stammt von E. v. Hornbostel und C. Sachs (1914):
- Idiophone (Selbstklinger)
- Membranophone (Fellklinger)
- Chordophone (Saitenklinger)
- Aerophone (Luftklinger)
- Mechanische und elektrische Instrumente (Elektrophone)

In jeder Systematik müssen Kompromisse eingegangen werden. So auch hier: Die Saiten besitzenden Tasteninstrumente sind beispielsweise den Chordophonen zugeordnet.

## 5.1 Idiophone (Selbstklinger)

Die Idiophone sind Musikinstrumente, bei denen statt einer Saite oder einer Membran der schwingende Instrumentenkörper selber den Ton erzeugt.

Das **Glockenspiel** besteht aus zwei Reihen von Stahlplatten, die auf einem Resonanzkasten befestigt sind. Die untere Reihe spielt die diatonische Tonleiter, die obere die Halbtöne, sodass chromatisches

Spiel möglich ist. Es hat einen silbrigen, durchdringenden Klang und wird mit einem Schlägel angeschlagen. Je nach Länge der Stäbe kommt das Glockenspiel als Sopran-, Alt- oder Tenorinstrument vor. Ursprünglich bestand das Glockenspiel tatsächlich aus gestimmten, nebeneinander aufgehängten Glocken. Erst im 19. Jahrhundert wurden diese durch Metallplättchen ersetzt.

**Metallophon** und **Vibraphon** sind wie das Glockenspiel Metallstabspiele. Sie besitzen zur Klangverstärkung Röhren unterhalb der Stahlplatten. Das Vibraphon besitzt außerdem eine Vibrato-Mechanik und einen mit dem Fuß zu bedienenden Dämpfer. Es wird vorwiegend im Jazz eingesetzt.

Weitere **Percussions-Instrumente** sind: Klanghölzer (Claves), Rasseln (Maracas), Triangel, Holzblocktrommeln, Becken, Gong (auch Tamtam), Kastagnetten.

**Xylophon** und **Marimbaphon** bestehen aus verschieden großen Holzplatten, die (der Tonhöhe nach geordnet), auf einem Rahmen befestigt sind. Der Klang ist je nach verwendetem Schlegel weich und rund bis kernig und farbig. Beim Marimbaphon dienen zur Klangverstärkung unter den Holzplatten angebrachte Röhren.

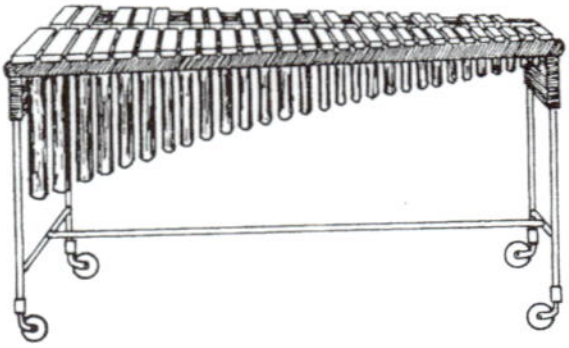

## 5.2 Membranophone (Fellklinger)

Bei den Membranophonen schwingt eine Membran oder ein Fell, um den Ton zu erzeugen.

Die **Pauke** oder Kesselpauke ist das wichtigste und älteste Schlaginstrument des Orchesters. Über einen Kessel aus Metall oder Fiberglas ist eine dünne Membran gespannt, die mit unterschiedlich harten Schlegeln zum Schwingen gebracht wird. Weil der Korpus geschlossen ist, kann die Pauke mittels Wirbeln oder eines Pedals (rechts) auf eine präzise Tonhöhe gestimmt werden. Pauken sind anfällig für Veränderungen der Temperatur und Luftfeuchtigkeit; sie müssen in Konzerten oft nachgestimmt werden. Seit dem 17. Jahrhundert sind im Orchester 2 bis 16 Pauken im Einsatz.

**Trommel** ist der Oberbegriff der Membranophone. Im Gegensatz zur Pauke ist die Trommel nicht auf eine präzise Tonhöhe stimmbar. Die Große Trommel (Abbildung) ist das größte Trommelinstrument im Orchester. Sie steht senkrecht auf einem Ständer und kann einen Durchmesser von bis zu 100 cm haben. Die Kleine Trommel oder Snare Drum stammt aus der Militärmusik und kommt heute sowohl im Orchester als auch beim Schlagzeug in der Jazz- und Rockmusik vor. Sie ist auf der Unterseite mit Schnarrsaiten bespannt, die beim Spielen mitschwingen, aber auch abgestellt werden können. Sie hat einen Durchmesser von 35 cm und wird mit Holzschlägeln gespielt. Die Seiten (Zargen) der Kleinen Trommel bestehen meistens aus Metall, das Fell ist aus Kunststoff. Das **Schlagzeug** oder **Drum-Set** der Rock-, Pop- und Jazz-

Musik besteht aus der Großen Trommel (Bass-Drum), die mit einer Fußmaschine gespielt wird, der Snare Drum, den Hänge-Toms (Trommeln, die über der Bass-Drum hängen) und den Stand-Toms (diese stehen rechts neben der Bass-Drum). Außerdem kommen verschiedene Becken hinzu: Hi-Hat (zwei Becken, die mittels einer Fußmaschine zusammengeschlagen werden können), Ride-Becken (für den fortlaufenden Rhythmus), Crash-Becken (für einzelne Akzente).
Das **Tamburin** (auch Schellentrommel) ist eine flache Trommel, die mit einem Fell bespannt ist. In die Holzzarge sind 10 bis 20 Schellen aus Blech eingearbeitet, die beim Schlagen oder Schütteln der Trommel scheppern. Im Orchester werden mit dem Tamburin orientalische, spanische oder lateinamerikanische Klangfarben erzeugt.

## 5.3 Chordophone (Saitenklinger)

Zu den Chordophonen zählen alle Musikinstrumente, deren vorrangige Tonerzeugung durch gespannte Saiten erfolgt.

Das **Banjo** kommt hauptsächlich in der amerikanischen Country Music und im Jazz vor. Ursprünglich stammt es aus Afrika und wurde von den Sklaven mit nach Amerika gebracht. Der Hals mit vier oder fünf Saiten und Bünden endet an einem Korpus, der aus einem mit einer Membran bespannten Holz- oder Metallrahmen besteht. Das fünfsaitige Banjo (Stimmung: g', c, g, h und d') besitzt vier Saiten zum Spielen von Akkorden und eine Melodiesaite. Das viersaitige Tenorbanjo hat die Saitenstimmung c, g, d' und a'. Der Klang des Banjos ist hell und scharf.

Die **Mandoline** ist ein kleines Zupfinstrument mit vier Saitenpaaren, die g, d', a', e' gestimmt sind. Die Saiten werden mit einem Plättchen angerissen. Der Ton wird durch schnelles wiederholtes Anreißen verlängert. Sie stammt aus Italien und kommt dort in der Volksmusik vor. Aber auch Komponisten wie Vivaldi und Mozart komponierten für die Mandoline.

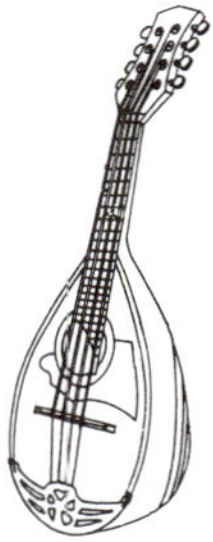

Die **Gitarre** stammt aus Spanien und ist dort seit dem Mittelalter bekannt. Seit dem 18. Jh. ist sie mit sechs Saiten der Stimmung E, A, d, g, h, e' gebräuchlich. Sie hat einen achtförmigen Körper mit flacher Decke und flachem Boden. Das Schallloch ist rund, der Hals ist mit Metallbünden versehen. Viele verschiedene Bauformen haben sich entwickelt. Ebenso vielfältig sind die Spielarten. Die klassische Gitarre wird mit den Fingern gezupft oder angeschlagen, bei modernen Gitarren werden die Saiten auch mit einem Plektron (Kunststoffplättchen) angerissen. Die Gitarre wird als Solo-, Ensemble- und Begleitinstrument in der klassischen Musik, der Rock- und Popmusik und im Jazz verwendet.

5

Die **E-Gitarre** oder Elektro-Gitarre wird wie der E-Bass angeschlagen oder gezupft und über elektronische Tonabnehmer verstärkt. Sie ist Melodie- (Lead Guitar) oder Rhythmusgitarre in der Rock- und Popmusik. Ihre Saiten sind E, A, d, g, h, e' gestimmt. Ihr Klang wird oft durch elektronische Effektgeräte verändert.

Der **E-Bass** oder Elektro-Bass ist die Bassgitarre der Rock- und Popmusik. Die Saiten werden angezupft oder angeschlagen und über elektronische Tonabnehmer verstärkt. Der E-Bass dient als rhythmisches und harmonisches Fundament in der populären Musik.

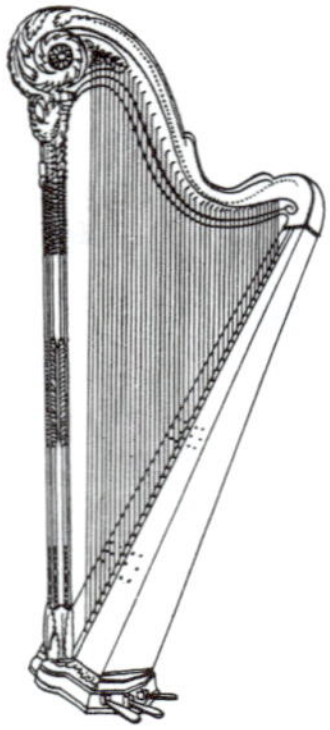

Die **Harfe** ist eines der ältesten Musikinstrumente, schon im alten Ägypten wurden Vorläufer der heutigen Pedalharfe gespielt. Seit dem 8. Jahrhundert ist die Harfe auf den britischen Inseln bekannt, 200 Jahre später auch auf dem Festland. Im Laufe der Jahre wurde die Harfe immer größer und bekam mehr Saiten. Die heutigen Harfen haben 47 Saiten. Mittels 7 Pedalen kann jede Saite um bis zu 2 Halbtöne höher gestimmt werden. Die Saiten bestehen aus Nylon, Darm oder umwickeltem Stahl. Einige der Saiten sind zur Orientierung farbig. Die Harfe wird als Solo- und Orchesterinstrument eingesetzt. In der keltischen Folklore (Irland, Schottland, Wales, Bretagne) ist die Harfe eines der wichtigsten Instrumente.

Das **Cembalo** ist ein Tasteninstrument, welches seine Blütezeit im Barock hatte. Die Metallsaiten, die parallel zu den Tasten gespannt sind, werden mit Federkielen (früher) oder Kunststoffkielen (heute) angerissen oder angezupft. Beim Loslassen der Taste werden die angerissenen Saiten mithilfe eines oberhalb des Kiels befestigten Filzplättchens abgedämpft. Durch den Tastenanschlag ist die Lautstärke nicht zu beeinflussen. Große Cembali haben mehrere Manuale (Tastaturen) und verschiedene Register (Saiten, die in verschiedenen Oktavlagen gestimmt sind). Durch das Zuschalten oder Wegnehmen von Registern kann die

Lautstärke treppenförmig gesteuert werden. Außerdem haben Cembali einen Dämpfer. Ist dieser „Lautenzug" eingeschaltet, klingt das Instrument wie eine gezupfte Gitarre oder eine Laute. Das Cembalo hat einen silbrigen, festlichen und rauschenden Klang. Es wird als Soloinstrument und als Begleitinstrument eingesetzt. Sonderformen des Cembalos sind das Virginal in England, das Clavecin in Frankreich und das **Spinett**.

**Klavier** und **Flügel** (Abbildung) sind die bedeutendsten Tasteninstrumente. Das Hammerklavier, der Vorläufer von Klavier und Flügel, wurde am Anfang des 18. Jahrhunderts erfunden. Die Form wurde vom Cembalo übernommen, neu war der Anschlag der Saiten durch Hämmerchen. Am Anfang war der Klang dünn. Im Laufe von 150 Jahren wurde die Hammermechanik verbessert, der Tonumfang auf achteinhalb Oktaven erweitert, ein Stahlrahmen eingebaut. Im mittleren und hohen Bereich wurden drei Saiten je Ton gespannt (mehrchörige Besaitung). Moderne Instrumente haben zwei oder drei Pedale. Das linke Pedal ist ein „Leise"-Pedal, das rechte hebt alle Dämpfer gleichzeitig. Das mittlere Pedal (wenn vorhanden) hebt die Dämpfer der gerade gedrückten Tasten. Der Konzertfügel hat eine Länge von 2,90 m.

Die **Violine** (**Geige**) ist das gebräuchlichste Streichinstrument und das Sopran-Instrument der Streicherfamilie. Sie gilt als eines der wichtigsten Instrumente der abendländischen Musikgeschichte in den letzten 300 Jahren überhaupt. Sie entstand um 1550 aus der mittelalterlichen Fidel und hat vier Saiten (g, d', a', e''). Seit dem 16. Jahrhundert wurden in Italien Violinen gebaut, die berühmtesten Hersteller waren Stradivari und Guarneri. Die Decke und der Boden sind gewölbt, die Zargen (Seiten) haben Einbuchtungen.
Als Schalllöcher dienen zwei f-Löcher. Im Inneren des Korpus befindet sich der Bassbalken und zwischen Decke und Boden der Stimmstock. Sie dienen zu einer besseren Verteilung der Schwingungen im Resonanzraum. Die Saiten der Violine werden gestrichen (mit Pferdehaar bespannter Bogen) oder mit Fingern gezupft. Die Violine wird als Orchester- und Soloinstrument eingesetzt. Man findet sie aber auch in der Volksmusik, in der Tanz- und Unterhaltungsmusik, im Jazz und sogar in der Rockmusik.

Die **Viola** (**Bratsche**) ist das Alt-Instrument der Streicherfamilie. Sie ist größer als die Violine und eine Quinte tiefer gestimmt (c, g, d', a'). Sie hat einen sonoren, weichen Klang und dient im Orchester überwiegend als Füllinstrument. Seit dem 19. Jahrhundert wird die Viola als Soloinstrument entdeckt. Vor allem in der Kammermusik des 18. und 19. Jahrhunderts emanzipiert sie sich von der Füllstimme zu einer essentiellen Stimme mit ihrem spezifischen Klang.

Das **Violoncello** (**Cello**) ist das Tenorinstrument der Streicherfamilie. Seine Saiten sind eine Oktave tiefer als die der Viola gestimmt: C, G, d, a. Beim Spielen wird das Cello zwischen die Knie geklemmt und seit etwa 1860 mithilfe eines ausziehbaren Stachels auch auf den Boden aufgesetzt. Im Barock spielte das Cello vorwiegend die Bassstimme (Generalbass). Auch im klassischen Streichquartett (Violine I, II, Viola, Cello) übernimmt es diese Rolle. Bereits im Barock entwickelt es sich aber auch zum Soloinstrument.
J. S. Bach schrieb z. B. sechs Cello-Suiten. Seit dem Beginn der Romantik im 19. Jahrhundert ist vor allem der Klang der hohen Lagen beim Publikum sehr beliebt.

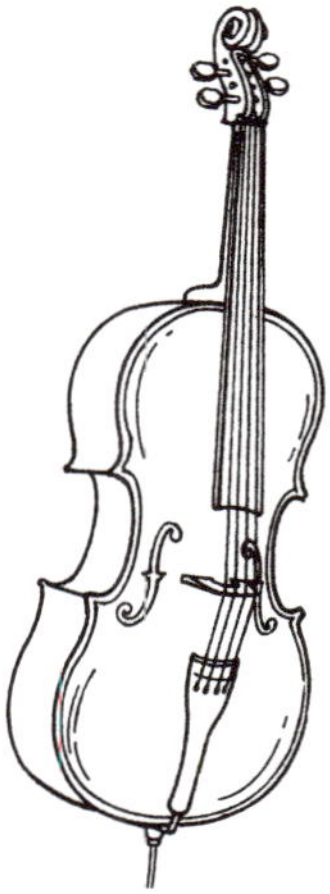



Der **Kontrabass** ist das größte Instrument der Familie der Streichinstrumente (heute über 1,80 m). Er hat vier oder fünf Saiten ((C',) E', A', D, G) und wird wegen seiner Größe meist im Stehen oder auf einem hohen Hocker sitzend gespielt. Im Gegensatz zu den anderen Streichinstrumenten hat der Korpus des Kontrabasses „abfallende Schultern". Er wird gezupft oder mit dem Bogen gestrichen. Seit dem 18. Jahrhundert ist er das Fundament der Streicher im Orchester. Als Soloinstrument taucht er selten auf (z. B. in C. Saint-Saëns' „Karneval der Tiere" als Elefant). Neben der klassischen Musik tritt der Kontrabass auch häufig im Jazz auf.

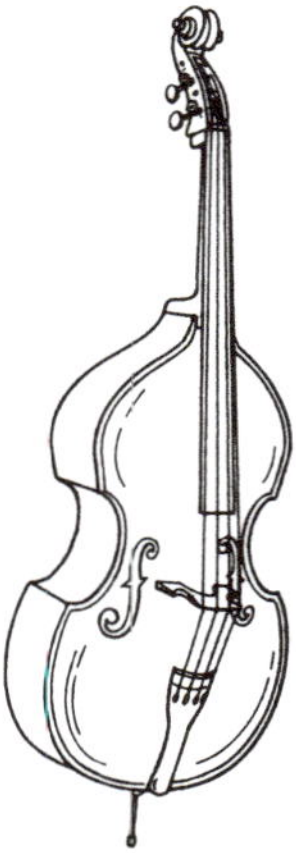

## 5.4 Aerophone (Luftklinger)

Bei den Aerophonen ist die Luft das schwingende Medium. Dabei kann es sich um eine nicht durch das Instrument begrenzte, freie Luftsäule (z. B. Akkordeon), als auch um eingeschlossene Luftsäulen (alle Blasinstrumente) handeln. Die Länge der Luftsäule bestimmt die Tonhöhe.

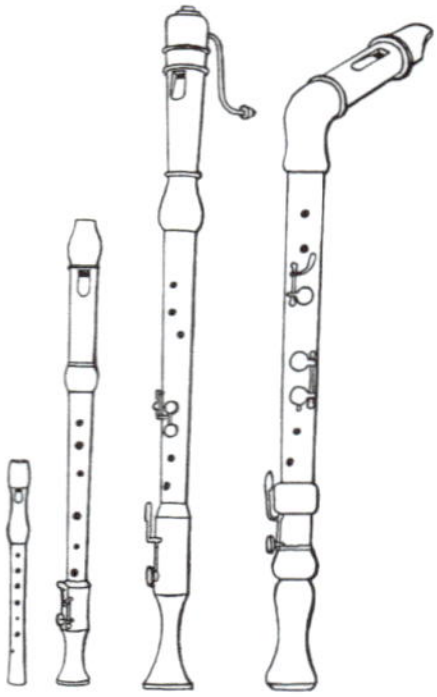

Die **Blockflöte** ist seit dem 11. Jahrhundert in Europa verbreitet. Vorläufer dieses einfachen Holzblasinstrumentes sind aber schon viel früher bekannt. Bis 1750 war die (Alt-) Blockflöte ein bedeutendes Soloinstrument, wurde dann aber von der Querflöte verdrängt. Erst im 20. Jahrhundert wurde sie wieder entdeckt, hier vor allem als Lieblingsinstrument der Musikpädagogik. Die gängigsten Größen sind Sopran (in C), Alt (in F), Tenor (in C), Bass (in F). Die Abbildung zeigt die Sopran-, Tenor-, Bass- und Großbassflöte. Die Luft wird durch einen Kanal auf das Labium, eine scharfe Kante, geleitet, hier spaltet sich der Luftstrom und versetzt die innere Luftsäule in Schwingungen. Durch Öffnen und Schließen der 8 Grifflöcher wird die Luftsäule verkürzt oder verlängert und damit der Ton höher oder tiefer.

Die **Panflöte** besteht aus unterschiedlich langen, zusammengebundenen Röhren, die an einer Seite offen sind. Der Spieler bläst über die offene Röhre die Luft (ähnlich wie über einen Flaschenhals oder eine Füllerhülle). Seit dem Mittelalter ist die

Panflöte, die einen weichen und hauchigen Ton hat, in der europäischen Volksmusik nachweisbar. Bis heute wird sie vorwiegend in der folkloristischen Musik eingesetzt.

Die **Querflöte** gehört, obwohl sie heute zumeist aus Metall (z.B. Silber) hergestellt wird, zu den Holzblasinstrumenten. Am oben geschlossenen Kopfstück befindet sich ein Mundloch, auf dessen Kante die Luft geblasen wird und sich bricht. Im Mittelalter gehörte der Vorläufer der Querflöte, die Querpfeife, zum Instrumentarium der Stadtpfeifer. Erst seit Mitte des 19. Jahrhunderts besitzt die Querflöte Klappen und wird aus Metall gebaut. Die kleine Schwester der Querflöte ist die **Pikkoloflöte**. Sie ist das Instrument mit den höchsten Tönen im Orchester. Seltener gebräuchlich sind Alt- und Bass-Instrumente.

Die **Klarinette** entstand um 1700 aus einem Volksmusikinstrument. Sie hat ein einfaches Rohrblatt, das mithilfe einer Metallklammer oder eines Bindfadens auf das Mundstück aufgebunden wird. Klarinetten werden in unterschiedlichen Stimmlagen, auch als Bassklarinetten, gebaut. In der tiefen Lage klingen Klarinetten kräftig und sonor, in der Mittellage weich und rund, in der Höhe schrill und spitz. Die Klarinette ist eines der wenigen Blasinstrumente, das eine sehr große Bandbreite (vom absoluten pianissimo bis hin zu einem kräftigen fortissimo) aufweist. Seit Mozart ist die Klarinette ein beliebtes Soloinstrument. Im 20. Jahrhundert wird sie auch gerne im Jazz eingesetzt.

Das **Saxophon** zählt zu den Holzblasinstrumenten und wurde um 1846 von Adolphe Sax entwickelt und nach ihm benannt. Es besitzt wie die Klarinette, von der es abstammt, ein einfaches Rohrblatt. Deswegen gehört es, obwohl es aus Metall gebaut ist, zu den Holzblasinstrumenten. Am Anfang wurde es vorwiegend in der Militärmusik eingesetzt, später auch in der Kunstmusik. Seit etwa 1920 ist das Saxophon aus dem Jazz nicht mehr wegzudenken, durch den es auch berühmt geworden ist. Das Saxophon gibt es in verschiedenen Lagen: Sopran (in B gestimmt), Alt (in Es), Tenor (in B), Bariton (in Es) und Bass (in B).

Die **Oboe** ist ein Holzblasinstrument und besitzt wie das Fagott zur Tonerzeugung ein Doppelrohrblatt. Ihr Klang ist durchdringend, näselnd und klagend. In der Höhe kann sie auch spitz klingen. Die Oboe stammt von der Schalmei ab, einem einfachen Hirteninstrument ohne die für die Oboe typischen Metallklappen. Im 18. Jh. entwickelten sich tiefere Oboenformen: Die Oboe d'amore (Altlage) hat am unteren Ende einen birnenförmigen Schallbecher, ebenso das Englischhorn (Tenorlage). Es kommt jedoch weder aus England, noch hat es die Form eines Hornes.

Das **Fagott** ist ein tiefes Holzblasinstrument mit Doppelrohrblatt (Tonumfang B' – es"). Das Doppelrohrblatt besteht aus zwei dünnen Holzblättchen, die zusammengebunden sind. Der Spieler presst diese mit den Lippen zusammen und bläst die Luft durch. Das Doppelrohrblatt fängt an zu vibrieren und versetzt die Luftsäule in Schwingungen. Das dreimal gebogene Rohr des Fagotts ist

2,59 m lang. Bis zum 18. Jahrhundert war das Fagott vor allem ein Begleitinstrument, das im Generalbassspiel die Basslinie übernahm. Später wurde es Soloinstrument. Noch eine Oktave tiefer als das Fagott ist das Kontrafagott (C' – b). Das Rohr hat eine Länge von 5,93 m. Es ist eines der Blasinstrumente mit den tiefsten Tönen.

Die **Trompete** ist das Blechblasinstrument mit den höchsten Tönen. Sie besitzt wie die Posaune ein Kesselmundstück, in das der Spieler seine Lippen presst, um einen Ton zu erzeugen. Ihre Geschichte reicht bis in die Antike zurück. Frühe Instrumente konnten nur Naturtöne spielen und hatten keine Ventile. Im Mittelalter wurde die Trompete als Signalinstrument und im Militär eingesetzt, im 15. Jh. wurde sie in Begleitung der Pauke Instrument der Hofmusik. Im 19. Jh. bekam sie Ventile und damit die Möglichkeit, alle Halbtöne zu spielen. Heute ist die Trompete im klassischen Orchester, im Jazz, in der Tanzmusik und in der volkstümlichen Musik zu hören.

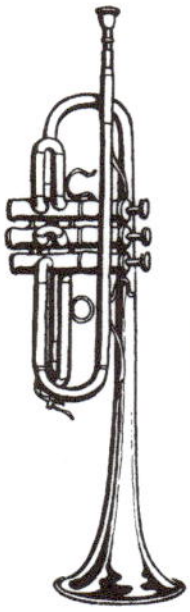



Das **Waldhorn** oder **Horn** gehört zu den Blechblasinstrumenten und hat ein trichterförmiges Mundstück. Primitive Vorformen des heutigen Horns wurden schon in vorgeschichtlicher Zeit zum Jagen und im Krieg verwendet. Bis ins 18. Jahrhundert konnten auf dem Horn, da es noch keine Ventile besaß, nur Naturtöne gespielt werden. Durch das Einführen der Hand in den Trichter („Stopfen“) wurde die Tonhöhe manipuliert. Erst im 19. Jahrhundert wurden die bis heute gebräuchlichen Ventile, mit denen dann alle Töne der chromatischen Tonleiter spielbar waren, hinzugefügt. Der Klang des Horns ist weich und voll, bei kräftigem Spiel auch durchdringend und scharf.

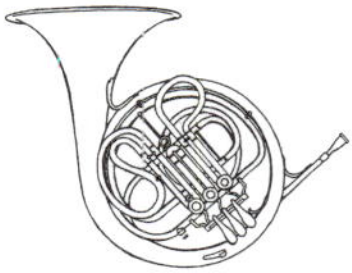

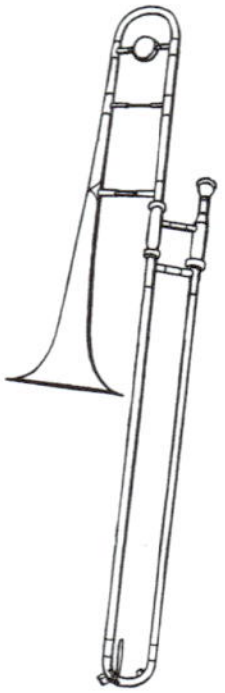

Die **Posaune** ist ein tiefes Blechblasinstrument mit einem Kesselmundstück. Das mehrfach gebogene Rohr der Posaune kann durch eine Zugvorrichtung stufenlos verlängert oder verkürzt werden. Dadurch können alle Halbtöne gespielt werden. Der Klang der Posaune ist weich und voll. Heute wird die Posaune vor allem im klassischen Orchester, im Jazz und in der evangelischen Kirchenmusik eingesetzt. Die heute gebräuchlichsten Größen sind die Tenor- und Bass-Posaune. Darüber hinaus gibt es die Alt-, Kontrabass- und die sehr selten gespielte Sopran-Posaune.

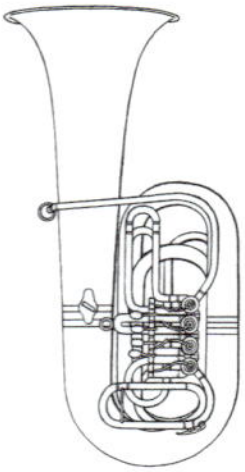

Die **Tuba** ist das tiefste und größte Mitglied der Blechblasinstrumente. Sie wird seit 1830 in verschiedenen Größen gebaut, hat eine Rohrlänge von 3,60 m bis 5,40 m und ein kesselförmiges Mundstück. Die Tuba ist vor allem in der Militärmusik, vermehrt aber auch in der Volksmusik zu hören. Sie besitzt drei bis fünf Ventile zum Spielen aller Halbtöne. Das Sousaphon, benannt nach John Philip Sousa, ist eine Basstuba zum Umhängen mit einem kreisrund gebogenen Rohr. Der Schalltrichter zeigt dem Zuhörer entgegen. Es ist in amerikanischen Militärkapellen zu hören.

Das **Akkordeon** (Ziehharmonika, Schifferklavier u.a.) ist im 19. Jahrhundert entstanden. Auf der linken Seite hat es Knöpfe, die ganze Akkorde spielen können, auf der rechten Seite befindet sich eine Tastatur zum Spielen der Melodie. Frei schwingende Zungen im Inneren des Instruments werden durch den vom Blasebalg erzeugten Winddruck zum Schwingen gebracht. Das Akkordeon kommt hauptsächlich in der Volks- und Unterhaltungsmusik vor. Sonderformen sind das Bandoneon, die Concertina und der Bajan.

Die **Orgel** gilt als die Königin der Instrumente. Sie ist ein Tasteninstrument, dessen Klang durch Winddruck und Pfeifen erzeugt wird. Es gibt zwei verschieden Pfeifenarten: Labialpfeifen, die wie die Blockflöte einen Luftkanal und ein Labium haben, an dem sich die Luft spaltet und Lingualpfeifen, die wie die Klarinette eine aufschlagende (Metall-)Zunge haben. Die einzelnen Teile der Orgel werden auch als Werke bezeichnet.
Im Windwerk wird durch ein Gebläse der Winddruck erzeugt und in Magazinbälge geleitet. Die Tastatur (für Hände Klaviatur und für Füße Pedal) sowie Einrichtungen zur Einstellung der Register (unterschiedliche Pfeifenarten) bezeichnet man als Regierwerk. Das Pfeifenwerk umfasst die unterschiedlichen Pfeifenarten (Register).

## 5.5 Elektronische Instrumente (Elektrophone)

Zu den elektronischen Instrumenten gehören alle die Instrumente, deren Klangerzeugung vorwiegend durch elektrischen Strom bewirkt wird.

**Keyboard** heißt im englischen Sprachgebrauch jedes Tasteninstrument, das im Jazz oder Rock eingesetzt wird. Mit Keyboards können nicht nur bestimmte Tonhöhen, sondern auch Geräusche gespielt werden. Das Masterkeyboard kann mehrere Synthesizer ansteuern und zentral bedienen. Heute wird der Begriff Keyboard im deutschen Sprachraum für alle möglichen Varianten von elektronischen Tasteninstrumenten verwendet, bei denen durch vorprogrammierte oder selbst einzustellende Programme Melodien, Rhythmen und harmonische Begleitungen gespielt werden können. Dabei können nahezu alle Orchesterinstrumente imitiert werden.

**Synthesizer** sind Musikcomputer zur elektronischen Erzeugung von unterschiedlichen Klängen. 1964 baute Bob Moog den ersten Synthesizer, der durch unterschiedliche elektronische Spannungen verschiedene Töne erzeugen konnte. Auf den ersten Synthesizern konnte nur einstimmig gespielt werden, erst seit 1976 war das mehrstimmige Spiel wie auf einem Klavier möglich. Seit Einführung der MIDI-Norm 1981 haben Synthesizer eine einheitliche Schnittstelle und können durch moderne Computer gesteuert werden.

## 5.6 Die menschliche Stimme und das Gehör

Die Klangerzeugung beim Menschen geschieht durch den gesamten **Atmungsapparat** (Lunge, Luftröhre, Brustkorb, Zwerchfell, Bauchwand, Wirbelsäule) und die **Stimmlippen** (Stimmbänder) im Kehlkopf.

Die Stimmlippen im Kehlkopf sind zwei nebeneinander liegende, zarte und sehr empfindliche Muskelbändchen. Diese können unterschiedlich stark gespannt werden. Beim Atmen sind sie entspannt und die Stimmritze zwischen ihnen weit und dreieckig geöffnet.
Beim Singen und Sprechen sind die Stimmlippen gespannt, die Stimmritze schließt sich fast. Die von der Lunge durch die Luftröhre kommende durchströmende Luft bringt im Kehlkopf die Stimmlippen zum Schwingen. Dadurch entstehen, je nach Spannung der Stimmlippen, tiefe oder hohe Töne.
Die Länge und Dicke der Stimmlippen ist für die unterschiedlichen Stimmlagen Sopran, Alt, Tenor und Bass verantwortlich. Während der Pubertät wachsen die Stimmlippen bei Mädchen um etwa 4 mm, bei Jungen um 10 bis 12 mm (Stimmwechsel oder Stimmbruch). Dadurch bilden sich die Frauen- und Männerstimmen.



Der **Stimmumfang** bei den unterschiedlichen **Stimmlagen** sieht etwa so aus:

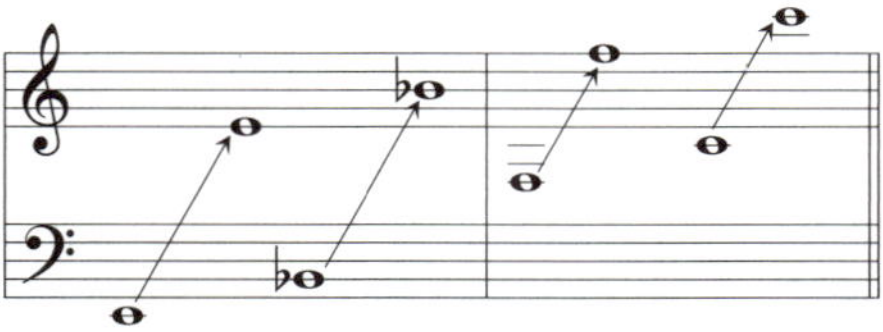

*Bass E – e'  Tenor B – b'  Alt f – f''  Sopran c' – c'''*

Die Form der Mundhöhle, die Stellung der Zunge und der Zähne ist dann für die Lautbildung verantwortlich. Die Verstärkung der Stimme erfolgt über zwei **Resonanzräume**. Der eine befindet sich unterhalb der Stimmlippen (Brustresonanz, Bruststimme), der andere oberhalb der Stimmlippen (Kopfresonanz, Kopfstimme). Summt man einen leisen, hohen Ton, so klingen überwiegend die Resonanzräume im Kopf.
Spricht man ein kräftiges „Ha“, so klingen die Resonanzräume im Brustbereich mit. Man spricht auch von unterschiedlichen

**Stimmregistern**. In der mittleren Stimmlage klingen diese beiden Register zusammen.

Das Gehör nimmt Geräusche und Töne auf. Dabei fängt die Ohrmuschel **Schallwellen** aus der Umgebung auf und leitet diese durch den Gehörgang bis zum Trommelfell im Inneren des Schädelknochens weiter.
Das Trommelfell nimmt die Schwingungen auf und überträgt sie auf die Gehörknöchelchen Hammer, Amboss und Steigbügel. Sie werden weitergeleitet zur Membran des ovalen Fensters und versetzen in der sogenannten Schnecke eine Flüssigkeit in Schwingungen. Eine weitere Membran (Basilar-Membran) führt die Schwingungen zu den Fasern des Gehörnervs weiter, der diese an das Gehirn leitet.

## 5.7 Orchester, Musiker und Dirigent

Seit dem 18. Jahrhundert bezeichnet man eine Gruppe von Musikern, die zumeist unter der Leitung eines Dirigenten stehen, als **Orchester**. Das Orchester der Klassik besteht aus Ersten und Zweiten Violinen, Violen, Violoncelli, Kontrabässen, je zwei Querflöten, Oboen, Fagotten und Hörnern. Hin und wieder kommen Klarinetten, Trompeten, Posaunen und Pauken hinzu. Im Laufe des 18. und 19. Jahrhunderts wird das Orchester immer größer. Zu den bereits verwendeten Instrumenten kommen deren Verwandte hinzu (zum Beispiel Oboe – Englischhorn, Querflöte – Pikkoloflöte, Klarinette – Bassklarinette usw.). Außerdem wird die Harfe zum Orchesterinstrument, das Schlagwerk wird vielfältiger und neue Musikinstrumente entstehen. Seit dem 19. Jahrhundert stehen große Pfeifenorgeln nicht mehr nur in Kirchen, sondern auch in Konzertsälen. Sie werden vermehrt in Orchesterkompositionen eingesetzt.

| Besetzung des heutigen Sinfonieorchesters | |
|---|---|
| Streichinstrumente | 12 – 16 Erste Violinen<br>10 – 14 Zweite Violinen<br>8 – 12 Bratschen<br>8 – 10 Violoncelli<br>6 – 8 Kontrabässe |
| Holzblasinstrumente | 1 Pikkoloflöte<br>3 Querflöten<br>3 Oboen<br>1 Englischhorn<br>3 Klarinetten<br>1 Bassklarinette<br>3 Fagotte<br>1 Kontrafagott |
| Blechblasinstrumente | 6 Hörner<br>4 Trompeten<br>4 Posaunen<br>1 Basstuba |
| Schlaginstrumente | 4 Pauken<br>Große und Kleine Trommel<br>Becken, Triangel<br>Xylophon, Glockenspiel<br>Gong u. a. |
| Bei Bedarf | Klavier, Orgel, Celesta<br>Harfe |



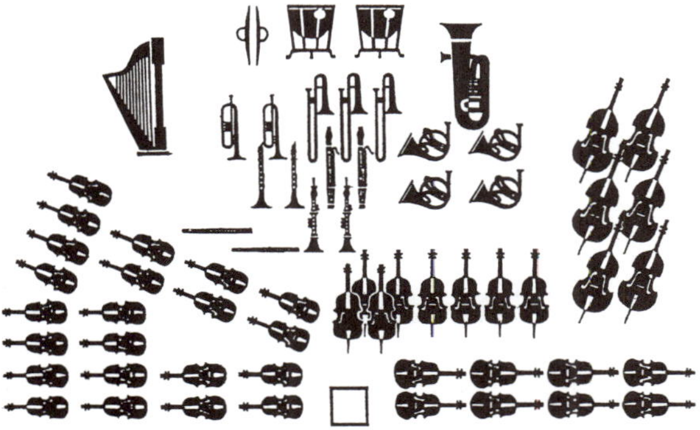

Die Sitzordnung im Orchester ist so eingerichtet, dass alle Instrumentalgruppen gut zu hören sind. Die lauten Instrumente (Schlagwerk, Blechbläser) sitzen weiter hinten, vorne beim Dirigenten sitzen die Streicher. Es gibt unterschiedliche Sitzpläne für Orchester. Oft sitzen sie aber so, wie auf der Abbildung (↗ S. 103) zu sehen ist.

Der einzelne Musiker im Orchester hat viele Aufgaben. Er muss
- sich zu Hause auf die Musikstücke vorbereiten und seine Stimme üben,
- mit dem Orchester gemeinsam proben,
- in Konzerten spielen,
- Rundfunk-, Fernseh- und CD-Aufnahmen machen,
- mit dem Orchester Konzertreisen unternehmen,
- bei Probespielen sich neue Musiker anhören, beurteilen und auswählen,
- ggf. in weiteren Musikgruppen mitspielen,
- ggf. Instrumentalunterricht nehmen oder erteilen.

Der **Dirigent**, der das Orchester leitet, hat ebenfalls eine Reihe von Aufgaben. Er muss
- Konzert-Programme zusammenstellen und Musikstücke auswählen bzw. vorschlagen,
- sich selbst auf Proben und Konzerte vorbereiten, indem er die Partituren genau studiert und sich überlegt, wie ein Musikstück klingen soll,
- die Orchesterproben leiten,
- Konzerte und Studioaufnahmen dirigieren,
- spezielle Musiker für besondere Aufgaben suchen und auswählen.

Der Dirigent gibt den Takt an, bestimmt Tempo und Lautstärke, gliedert die Musik in melodische und harmonische Zusammenhänge. Ebenso gestaltet er das Zusammenspiel der Instrumente und verdeutlicht die rhythmische Struktur.

## 5.8 Besetzungen

Neben den unterschiedlichsten Orchesterbesetzungen gibt es eine Reihe kleinerer Besetzungsformen. Oft richtet sich die Bezeichnung der Besetzung nach der Anzahl der Mitwirkenden: Ein Duo sind zwei Musiker, ein Trio drei, es folgen Quartett, Quintett, Sextett, Septett, Oktett. Jede Besetzung hat ihren eigenen Klang.

| Häufige Besetzungsformen | |
|---|---|
| Duo | zwei Melodie-Instrumente (z. B. Oboe und Violine) |
| Trio | im Barock z. B. zwei Melodie-Instrumente (etwa Violine/Oboe) und Cembalo |
| Streichtrio | Violine, Viola, Violoncello |
| Streichquartett | Violine I, Violine II, Viola, Violoncello |
| Streichquintett | Violine I, Violine II, Viola I, Viola II, Violoncello |
| Streichsextett | Violine I, Violine II, Viola I, Viola II, Violoncello I, Violoncello II |
| Bläserquintett | Querflöte, Oboe, Klarinette, Horn, Fagott |
| Klaviertrio | Violine, Violoncello, Klavier |
| Klavierquartett | Violine, Viola, Violoncello, Klavier |
| Klavierquintett | Violine I, Violine II, Viola, Violoncello, Klavier |

## Teste dein Wissen!

| Kapitel „Instrumentenkunde" | O. K. ✔ | Das muss ich noch mal lesen |
|---|---|---|
| Ich kann die Instrumentengruppen nach ihrer Tonerzeugung benennen und erklären. | | S. 85 |
| Ich kann einige Idiophone (Selbstklinger) und ihre Funktionsweise erläutern. | | S. 85, 86 |
| Ich kann einige Membranophone (Fellklinger) und ihre Funktionsweise erläutern. | | S. 87, 88 |
| Ich kann einige Chordophone (Saitenklinger) und ihre Funktionsweise erläutern. | | S. 88–93 |
| Ich kenne die Unterschiede zwischen Cembalo und Klavier. | | S. 90, 91 |
| Ich kann die Einzelteile und die Stimmung der Saiten bei der Violine benennen. | | S. 92 |
| Ich kann einige Aerophone (Luftklinger) und ihre Funktionsweise erläutern. | | S. 94–99 |
| Ich kann die gängigsten Größen der Blockflötenfamilie wiedergeben. | | S. 94 |
| Die Aerophone können in Holz- und in Blechblasinstrumente eingeteilt werden. Ich kann die einzelnen Instrumente jeweils ihrer Gruppe zuordnen. | | S. 94–98 |
| Ich kann die Elektrophone benennen und ihre Funktionsweise erläutern. | | S. 100 |
| Ich kann die Funktionsweise der menschlichen Stimme erklären und die unterschiedlichen Stimmlagen benennen. | | S. 100–102 |
| Ich kann die Funktionsweise der menschlichen Gehörs erklären. | | S. 102 |
| Ich kenne unterschiedliche Besetzungsformen und Musikgruppen und kann die einzelnen Aufgaben der Musiker und des Dirigenten darstellen. | | S. 102–105 |

# Formenlehre

Jedes Musikstück hat eine bestimmte **Form**. Anhand dieser Form lässt es sich einer bestimmten Gattung zuordnen. Einige wichtige Formen werden hier erläutert.

Das kleinste Segment, aus dem Musikstücke bestehen, ist der einzelne Ton mit seinen Parametern Tonlänge und Tonhöhe. Aus mehreren Tönen setzt sich das **Motiv** zusammen. Das Motiv ist so etwas wie ein Melodiebaustein. Aus mehreren Motiven setzt sich eine **Melodie** zusammen, die sich aufbaut und wieder entspannt. Motive können sich als **Sequenz** auf benachbarten Tonhöhen wiederholen, sie können gespiegelt oder auf andere Weise verändert werden.

Zwei Motive zusammen bilden eine **Phrase**. Zwei Motive, die stark miteinander verbunden sind und nicht alleine stehen können, bezeichnet man auch als **Doppelmotiv**.

Gleiche Teile werden in der Musik mit gleichen Großbuchstaben, beginnend bei A, bezeichnet. Teile, die sich ähneln, bekommen den gleichen Buchstaben, versehen mit einem Strich, A – A'. Unterschiedliche Teile bekommen unterschiedliche Großbuchstaben (A – B).

## 6.1 Liedformen

Es gibt viele verschiedene Liedformen, die sich im Laufe der Jahrhunderte entwickelt haben. Auf den beiden nächsten Seiten werden einige von ihnen kurz dargestellt.

Das **Volkslied** ist die älteste und einfachste Liedform. Texte und Melodien von Volksliedern wurden meist mündlich überliefert, d. h. nicht aufgeschrieben. Das lag vor allem daran, dass das Volk früher nur in den seltensten Fällen lesen und schreiben konnte, ganz zu schweigen vom Beherrschen der Notenschrift. Aus diesem Grund existieren von Volksliedern oft unterschiedliche Text- und Melodiefassungen.
Volkslieder sind in der Regel Strophenlieder. Die Melodie bleibt die gleiche, in mehreren Strophen wird eine Begebenheit, eine Liebschaft oder die Natur besungen. Volkslieder werden ein- oder mehrstimmig, mit oder ohne Instrumentalbegleitung gesungen.

Im Gegensatz zu dem Volkslied ist das **Kunstlied** der Romantik (↗ S. 60–62) ein klavierbegleitetes Sololied. Es kommt nicht aus dem Volk, sondern wird von Komponisten geschrieben. Diese wählten sich ein Gedicht, meist eines berühmten Dichters, und schrieben dazu die Musik, in den seltensten Fällen in Strophenform. Dabei war die Musik genau festgelegt und unterstrich die Aussagen des Textes. Auch Vor-, Zwischen- und Nachspiele wurden komponiert. Das Volkslied wurde in geselliger Runde gemeinsam gesungen. Das Kunstlied hingegen war ein reines Vortragslied einer einzelnen Person im Rahmen eines Liederabends oder eines Hauskonzertes.

Einige Formen treten bei Liedern immer wieder auf, die wichtigsten Liedformen sind:

- a einteilige Liedform
- b zweiteilige Liedform
- c dreiteilige Liedform

Die **einteilige Liedform** besteht aus einem Satz A. Dieser Satz hat bei Liedern oft acht Takte, manchmal auch nur vier, bei Instrumentalstücken auch acht oder 16 Takte.

Bei der achttaktigen Form sieht der Aufbau so aus: Der Satz besteht aus einem viertaktigen Vorder- und Nachsatz, die jeweils mit den kleinen Buchstaben a und b bezeichnet werden. Der Vordersatz (Hinweg) endet harmonisch offen auf der fünften Stufe der Tonart (Dominante). Man spricht vom **Halbschluss**. Der Nachsatz (Rückweg) endet dann wieder auf der ersten Stufe (Tonika, Ganzschluss). Die Halbsätze bestehen jeweils aus zwei zweitaktigen Phrasen, die wiederum aus zwei Motiven bestehen.

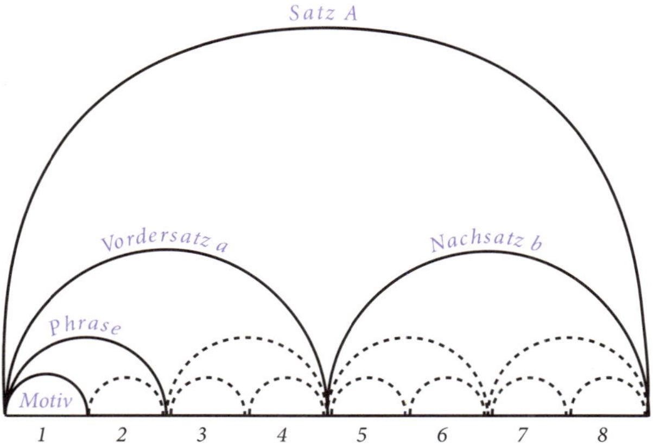




Die **zweiteilige Liedform** besteht aus zwei Sätzen, die sich ähneln können (A – A') oder unterschiedlich sind (A – B).

Die **dreiteilige Liedform** besteht aus drei Sätzen A – B – C oder A – B – A'. Die kleine dreiteilige Liedform hat dreimal vier Takte, die große dreiteilige Liedform hat dreimal acht Takte.

## 6.2 Suite

Die **Suite** ist eine Folge von unterschiedlichen Tänzen. Oft wechseln sich hierbei schnelle und langsame Tempi sowie gerade und ungerade Taktarten ab. Besteht die Suite im Mittelalter (↗ S. 47–50) nur aus zwei Tänzen, so werden daraus mit wachsender Bedeutung der Instrumentalmusik bis zum 17. Jahrhundert vier.

Im 16. Jahrhundert wird an den Höfen das Tanzpaar Pavane (langsamer, würdevoller Schreittanz, 2/2-Takt) und Gaillarde (schneller Springtanz, 6/8-Takt) musiziert und getanzt.
Der Grundtyp der Suite im 17. Jahrhundert in Deutschland besteht aus vier verschiedenen Tänzen, die sich in Tempo und Taktart abwechseln:

| Tanz | Allemande | Courante | Sarabande | Gigue |
|---|---|---|---|---|
| Taktart | gerader Takt | ungerader Takt | ungerader Takt | gerader Takt |
| Tempo | langsam | schnell | langsam | schnell |
| Herkunft | deutsch | französisch | spanisch | englisch/ schottisch |

Im Laufe des 18. Jahrhunderts wird die Suite dann zur eigenständigen Instrumentalkomposition, die einen hohen künstlerischen Anspruch hat und zu der nicht mehr getanzt wird.

## 6.3 Variation, Ostinato

Die **Variation** ist eine beliebte musikalische Form, bei der ein bestimmtes Material mit kompositorischen Mitteln verändert wird. Bei diesem Material kann es sich um eine Melodie, eine Harmoniefolge, eine Bassfigur oder eine Zwölftonreihe (↗ S. 63) handeln. In der Regel wird zu Beginn des Musikstücks das Thema vorgestellt, das dann in einer Abfolge von kleineren musikalischen Einheiten immer wieder verändert wird. Ist am Anfang von Variationen das Thema immer noch gut herauszuhören, so kann es im Laufe von Kompositionen manchmal so stark verändert werden, dass es fast nicht mehr erkennbar ist.

Die Variationsmöglichkeiten bei Melodien sind
- rhythmische Veränderung des Themas,
- Umspielungen der einzelnen Thema-Töne,
- Veränderung der Taktart,
- Veränderung des Tongeschlechts (Dur/Moll),
- Veränderung des Tempos,
- andere instrumentale Besetzung,
- Melodie ist im Bass zu hören,
- Melodie tritt in Form eines Kanons auf.



Das **Ostinato** ist eine besondere Form. Hierbei bleibt das harmonische oder rhythmische Grundgerüst oder die Basslinie unverändert und wiederholt sich ständig. Darüber variieren die anderen Stimmen. Die bekanntesten Beispiele hierfür sind der Canon von Johann Pachelbel (harmonisches Grundgerüst), die Passacaglia für Orgel c-Moll von Johann Sebastian Bach (Basslinie) und der Bolero von Maurice Ravel (rhythmisches Grundgerüst).

Basslinie der Passacaglia c-Moll, J. S. Bach:

Grundrhythmus der kleinen Trommel des Boleros, M. Ravel:

## 6.4 Concerto grosso – Solokonzert

Der Begriff **Konzert** bezeichnet in der klassischen Musik nicht nur eine Veranstaltungsform, sondern auch eine musikalische Gattung. Im Konzert spielen immer unterschiedliche, gegensätzliche Klanggruppen zusammen, zum Beispiel ein Solist und das Orchester oder Chor und Instrumente.

Das **Concerto grosso** ist eine musikalische Form der Barockzeit. Auch hier spielen unterschiedliche Klanggruppen miteinander oder wechseln sich ab.
Eine kleine Gruppe von einigen Solisten wird als Concertino bezeichnet. Sie spielen gemeinsam und ihre Stimmen sind schwieriger als die des übrigen Orchesters.
Die größere Gruppe umfasst das ganze Orchester (↗ S. 102–104) und wird als Ripieno bezeichnet. Deren Stimmen sind weniger anspruchsvoll.
Diese beiden Klanggruppen spielen nun im Wechsel. Dadurch unterscheiden sich die einzelnen Teile in Lautstärke (wenige Musiker – viele Musiker), Melodie (anspruchsvoll – leicht) und im Klang. Oft spielt die Concertino-Gruppe die Teile der Ripieno-Gruppe mit. Das Concerto grosso besteht aus mehreren Sätzen, die sich in Taktart und Tempo unterscheiden.
Arcangelo Corelli (1653–1713) gilt als erster Komponist des Concerto grosso. Berühmt wurden J. S. Bachs (↗ S. 128) „Brandenburgische Konzerte". Im Laufe des 18. Jahrhunderts verliert das Concerto grosso an Bedeutung und wird von der Sinfonie (↗ S. 117) verdrängt.

Das **Solokonzert**, bestehend aus drei Sätzen, entsteht in der Epoche der Klassik (↗ S. 57–59). Beim Solokonzert wechseln sich nicht mehr eine kleine und eine große Instrumentalgruppe ab, hier steht dem großen Orchester ein einzelner Solist gegenüber. Die Soloteile werden im Laufe der Entwicklung immer anspruchsvoller und schwieriger zu spielen.

Das Soloinstrument war anfänglich die Trompete, Violine oder Oboe. Bis heute gibt es für nahezu alle Musikinstrumente Solokonzerte, besonders häufig für Violine oder für Klavier. Der erste Satz im klassischen und romantischen dreisätzigen Konzert ist meist in der Sonatenhauptsatzform (↗ S. 116–117) komponiert, der zweite Satz ist langsam und besitzt eine liedähnliche Form, der Schlusssatz in Rondoform (↗ S. 115) ist schnell. Die sogenannte Kadenz am Ende des ersten Satzes (manchmal auch am Ende aller Sätze) ist eine längere Solopassage, in der der Spieler sein Können demonstrieren kann. Ein Konzert mit zwei Solisten wird als Doppelkonzert, eines mit drei Solisten als Tripelkonzert und eines mit vier Solisten als Quadrupelkonzert bezeichnet.

## 6.5 Fuge



Die **Fuge** ist die am weitesten entwickelte Form der mehrstimmigen, **polyphonen** Musik, bei der alle einzelnen Stimmen gleichwertig sind. Der Höhepunkt der Entwicklung der Fuge ist J. S. Bachs (↗ S. 128) „Kunst der Fuge“, die er kurz vor seinem Tod komponierte und nicht mehr vollenden konnte. Das wesentliche Merkmal der Fuge ist, dass es ein Thema gibt, das von allen einzelnen Stimmen (meist nacheinander) gespielt wird. Der genaue Ablauf einer Fuge sieht in der Regel so aus: Eine der Stimmen beginnt mit dem Thema in der Grundtonart, auf der Tonika. Dieser Einsatz wird als **Dux** (Führer) bezeichnet. Hat die erste Stimme das Thema beendet, setzt die nächste Stimme mit dem Thema ein, diesmal allerdings auf der Dominante (5. Stufe). Dieser Einsatz wird als **Comes** (Begleiter) bezeichnet. Während die zweite Stimme einsetzt, spielt die erste Stimme eine neue Gegenstimme, die als **Kontrapunkt** bezeichnet wird. Anschließend setzen weitere Stimmen mit dem Thema wieder in der Tonika und Dominante ein und spielen anschließend den Kontrapunkt. Wenn alle Stimmen das Thema einmal gespielt haben, ist die 1. Durchführung oder Exposition beendet.

| 1. Durchführung | | | | |
|---|---|---|---|---|
| Sopran | | Thema (Dominante), Comes | Kontrapunkt | Fortsetzung |
| Alt | Thema (Tonika), Dux | Kontrapunkt | Fortsetzung | Fortsetzung |
| Tenor | | | | Thema (Dominante), Comes |
| Bass | | | Thema (Tonika), Dux | Kontrapunkt |

Meist schließt sich an die erste Durchführung (**Exposition**) ein Zwischenspiel an. Dieses Zwischenspiel kann Motive aus dem Thema oder dem Kontrapunkt enthalten, es kann aber auch völlig frei komponiert werden.
Nun können weitere Durchführungen und Zwischenspiele folgen, das bleibt dem Komponisten überlassen. Eine Durchführung ist vollständig, wenn alle Stimmen das Thema gespielt haben, unvollständig, wenn eine oder mehrere Stimmen das Thema nicht gespielt haben und überzählig, wenn eine Stimme in einer Durchführung das Thema mehrfach gespielt hat.

Beginnt eine Stimme das Thema, bevor eine andere es beendet hat, so spricht man von einer Engführung.
Das Ende einer Fuge wird häufig durch einen **Orgelpunkt** angekündigt: Die tiefste Stimme spielt (oft auf der Dominante) einen lang angehaltenen Ton, während in einer anderen Stimme noch einmal das Thema erklingt.
Die Anzahl der Stimmern bei Fugen schwankt zwischen 2 und 6. Am häufigsten sind jedoch drei- und vierstimmige Fugen.

Thema der ersten Fuge aus J. S. Bachs „Kunst der Fuge":

## 6.6 Menuett und Rondo

Das **Menuett** ist im 17. Jahrhundert entstanden und war am Anfang ein höfischer Tanz. Er wurde dann zu einem Satz der Suite (↗ S. 110). Das Menuett steht im 3/4-Takt.
Das klassische Menuett besteht aus drei Teilen. Diese setzen sich jeweils aus der zwei- oder dreiteiligen (z. B. A–B oder A–B–A) Liedform (↗ S. 107–109) zusammen. Man spricht hier von der zusammengesetzten dreiteiligen Liedform. Oft ist der dritte Satz der klassischen Sinfonie in Form eines Menuetts komponiert. Es wird durch ein Trio ergänzt, dem die Wiederholung des Menuetts folgt. Im 19. Jahrhundert (bei Beethoven, ↗ S. 128 und Schubert, ↗ S. 136) wird das Menuett durch das **Scherzo** ersetzt.

Im Gegensatz zum Menuett, das in der dreiteiligen Da-Capo-Form A–B–A nur einen Zwischenteil B besitzt, hat das **Rondo** oft zwei, drei oder noch mehr Zwischenteile. Der sich wiederholende Teil A wird als Refrain oder Ritornell, der sich verändernde Teil B, C usw. als Couplet oder Episode bezeichnet.



Die Form A – B – A – C – A – D – A – usw. bezeichnet man auch als Kettenrondo. Die Form A – B – A – C – A – B – A wird auch als Bogenrondo bezeichnet.

## 6.7 Sonate

Die **Sonate** gehörte im 18. Jahrhundert zu den wichtigsten musikalischen Formen für kleine Besetzungen (ein oder mehrere Instrumente, meist ein Soloinstrument mit Klavierbegleitung).
Ihre Sätze:
1. Satz: schnell (Sonatenhauptsatzform, ↗ S. 116)
2. Satz: langsam (Liedform, ↗ S. 107–109; Variation, ↗ S. 110)
3. Satz: tänzerisch (Menuett, ↗ S. 115 oder Scherzo)
4. Satz: schnell (Rondo oder Sonatenhauptsatzform)

## 6.8 Sonatenhauptsatzform

Die **Sonatenhauptsatzform** ist eine der bedeutendsten Formen der Musik in der Wiener Klassik. Der erste Satz (hin und wieder auch der letzte Satz) der Sinfonie steht in dieser Form. Sie ist dreiteilig A – B – A'.

Die drei Teile der Sonatenhauptsatzform sind:
- **Exposition** (Aufstellung)
- **Durchführung**
- **Reprise** (Wiederaufnahme)

In der Exposition tritt ein kräftiges, markantes Hauptthema auf. Es steht in der Grundtonart (Tonika). Nach einer Überleitung folgt das zweite Thema, das Seitenthema. Es sollte möglichst kontrastreich zum Hauptthema sein. Steht das Hauptthema in Dur, so steht das Seitenthema in der Tonart der Dominante. Ist also z. B. die Grundtonart und damit das Hauptthema C-Dur, so steht das Seitenthema in G-Dur. Steht das Hauptthema in Moll (also z. B. in d-Moll), so erklingt das Seitenthema oft in der parallelen Durtonart mit den gleichen Vorzeichen (hier also F-Dur). Das Hauptthema steht in der ein- oder zweiteiligen Liedform.
Häufig folgt nach Hauptthema – Überleitung – Seitenthema eine Schlussgruppe, die zwar in der Tonart des Seitenthemas bleibt, aber ein neues Thema vorstellt oder Teile der vorangegangenen Themen aufgreift. Die Exposition wird wiederholt.
Die zwei vorhandenen kontrastreichen Themen werden in der Durchführung verarbeitet. Seltener werden hier neue Themen eingeführt, stattdessen werden sie verändert und vielfältig variiert. Die Durchführung endet meist mit einem Halbschluss auf der Dominante.
Es folgt die Reprise. In der Reprise, die im Aufbau der Exposition gleicht, treten wieder die beiden Themen auf. Jedoch steht das zweite Thema dieses Mal auch in der Grundtonart. Am Ende der Reprise folgt oft eine Coda, die die Schlusswirkung erhöht.

| 1. Thema Tonika | Überleitung | 2. Thema Dominante | Schlussgruppe | Verarbeitung der Themen | 1. Thema Tonika | Überleitung | 2. Thema Tonika | Coda |
|---|---|---|---|---|---|---|---|---|
| Exposition | | | | Durchführung | Reprise | | | |
| A | | | | B | A' | | | |

## 6.9 Sinfonie

Der Begriff **Sinfonie** (oder **Symphonie**) wird seit 1600 verwendet. Ursprünglich bezeichnet er ein instrumentales Vorspiel zur Oper. In der Epoche der Klassik (↗ S. 57–59) erlebt die Sinfonie als viersätziges Instrumentalstück ihren Höhepunkt.

Joseph Haydn (↗ S. 131–132) schrieb 104, Wolfgang A. Mozart (↗ S. 134) 41 und Ludwig v. Beethoven (↗ S. 128–129) 9 Sinfonien.
Der erste Satz der klassischen Sinfonie ist lebhaft und in der Sonatenhauptsatzform komponiert. Es folgt ein ruhiger und gesanglicher zweiter Satz. Der dritte Satz steht in der Form eines Menuetts. Am Ende steht ein schneller, lebhafter Finalsatz.

Die einzelnen Sätze der Sinfonie haben unterschiedlichen Charakter. Neben dem Wechsel langsam – schnell gibt es auch andere Kontraste (laut – leise, Dur – Moll usw.). Die einzelnen Sätze tragen als Titel meist eine Form- oder Tempobeschreibung:

1. Kopfsatz (schneller Satz, z. B. Presto oder Allegro molto)
2. langsamer Satz (z. B. Adagio oder Andante)
3. tänzerischer Satz 3/4-Takt (Menuetto oder Scherzo)
4. Finalsatz (schneller Satz, z. B. Vivace oder Allegro)

## 6.10 Oper, Operette und Ballett

Die **Oper** ist ein Gesamtkunstwerk, bestehend aus:

- Dichtung
- Musik und Gesang
- Darstellungskunst
- Bühnenbild- und Kostümkunst
- Bühnenarchitektur
- Inszenierung

Sie entsteht Ende des 16. Jh.s in Florenz, als man das griechische Drama der Antike wiederbeleben wollte. 1598 wurde in Florenz die erste noch erhaltene Oper „Dafne" von Jacopo Peri komponiert. Die Musik ist auf die Handlung ausgerichtet. Alle Dialoge, die die Handlung voranbringen, werden in Rezitativen (syllabischer Sprechgesang, bei dem jeder Textsilbe eine Note zugeordnet ist) mit Generalbassbegleitung komponiert. Sie wechseln sich mit Chorstücken und Sologesängen ab. Die erste wirkliche Oper hat Claudio Monteverdi (↗ S. 133–134) 1607 komponiert: Orfeo. Das Instrumentarium ist erweitert, zu den Arien (Sologesängen) kommen noch Duette und große Chorszenen. Die Darstellung ist von Prunk und Prachtentfaltung gekennzeichnet.

Bis ins 18. Jh. ist die bevorzugte Operngattung in Italien die **Opera seria**, eine ernste und tragische, auf einzelne Nummern, Gesangskunst und reiche Ausstattung beschränkte Form.

Durch italienische Theatergruppen verbreitet sich die Oper schnell in ganz Europa. In Frankreich wird das Ballett in die Oper einbezogen (Opéra-ballet, in England entsteht die Ballad Opera mit volkstümlichen Inhalten und derben Texten. Bekannt ist aus dieser Entwicklung John Christopher Pepuschs Gesellschaftskritik übende „Beggar's opera" (Bettler-Oper) von 1728. Nach diesem Vorbild komponiert Anfang des 20. Jahrhunderts Kurt Weill die Dreigroschenoper mit dem Text von Bertolt Brecht.

Die Oper wird nicht nur an den Fürsten- und Königshäusern populär. Bereits 1637 eröffnet in Venedig das erste öffentliche Opernhaus, das kommerziell betrieben wird.

Im 18. Jahrhundert entsteht die **Opera buffa**, die heitere Inhalte und alltagsnahe Szenen zur Unterhaltung der Bürgerschichten bringt. 1791 schafft Wolfgang Amadeus Mozart mit der „Zauberflöte“ die erste wirklich erfolgreiche deutsche Oper.

Im 19. Jahrhundert entwickelt sich die Oper bei Richard Wagner zu einem alle Künste vereinigenden durchkomponierten Gesamtkunstwerk. Seine Werke werden immer monumentaler. Der vierteilige Zyklus „Ring der Nibelungen“ (1876) muss an vier Abenden aufgeführt werden.

In Italien entstehen Opern, die die Welt realistisch, sozialkritisch und ohne Verschönerungen darstellen. Dieser Opernstil wird als „Verismo“ (ital. wahr) bezeichnet. Komponisten sind unter anderem Giacomo Puccini und Pietro Mascagni.



Anfang des 20. Jahrhunderts gibt es Versuche, die Oper durch anspruchsvolle literarische Vorlagen aufzuwerten, man spricht von der Literaturoper.
In der Neuen Musik wird ebenfalls auf Inhalte viel Wert gelegt. Vorwiegend gesellschaftskritische Themen werden bearbeitet. An Musiker und Sänger werden durch neue Gesangstechniken und Spieltechniken große Anforderungen gestellt, ebenso an die Hörer und Zuschauer.

Als Sonderform der Oper entsteht im 19. Jahrhundert die **Operette**. Sie geht auf die Erwartungen der meisten Zuhörer und Zuschauer mehr ein, als die Oper und bietet „leichtere Kost“:

- thematisch (triviale Liebesgeschichte)
- Handlungsführung (Happy End)
- musikalische Mittel (populäre Tanz- und Marschmusik)

Vor allem im 19. Jahrhundert bildet sich eine weitere Form heraus, das **Ballett**. Es ist eine handlungsorientierte, der Musik untergeordnete Tanzform. Vorläufer des Balletts gibt es seit dem 15. Jahrhundert (höfische Unterhaltung, Maskentänze usw.). Bekanntester Ballett-Komponist ist Peter Iljitsch Tschaikowsky. (↗ S. 137)

## 6.11 Musical

Das **Musical**, entstanden aus der Opera buffa (↗ S. 119) und der Operette (↗ S. 119), ist eine eigenständige Gattung des Musiktheaters. So wie wir es heute kennen, ist das Musical Anfang des 20. Jahrhunderts am Broadway in New York entstanden. Es ist meist zweiaktig.

Im Musical verbinden sich verschiedene Disziplinen:

- Theater
- Gesang
- Tanz und Show

Im Musical gibt es gesprochene und gesungene Dialoge, eine oft aufwendige Bühnenausstattung und viele Effekte. Es kann Elemente verschiedener Epochen enthalten und fordert von den Mitwirkenden viele Begabungen. Im Gegensatz zur Operette wendet es sich auch zeitkritischen Themen zu (z. B. „Hair“).

Die aufwendige Ausstattung erfordert es, dass heute teilweise eigens auf die Inszenierungen ausgerichtete Musical-Theater gebaut werden (z. B. „Starlight Express“ in Bochum).

Oftmals werden für Musicals erfolgreiche literarische Vorlagen verwendet (z. B. „Phantom der Oper“, „Glöckner von Notre Dame“).

## Teste dein Wissen!

| Kapitel „Formenlehre“ | O.K. ✓ | Das muss ich noch mal lesen |
|---|---|---|
| Ich kann die Begriffe „Form“, „Motiv“, „Melodie“, „Sequenz“, „Phrase“ und „Doppelmotiv“ erklären. | | S. 107 |
| Ich kann zwischen Volks- und Kunstlied unterscheiden. | | S. 108 |
| Ich kann die einteilige, zweiteilige und dreiteilige Liedform grafisch darstellen und erläutern. | | S. 108, 109 |
| Die Tanzfolge in der Suite kann ich aufzählen und Besonderheiten der einzelnen Tänze benennen. | | S. 110 |
| Ich kann unterschiedliche Formen der Variation aufzählen. | | S. 110, 111 |
| Ich kann den Unterschied zwischen harmonischem und rhythmischem Ostinato erklären. | | S. 111 |
| Die Merkmale von Concerto grosso und Solokonzert kann ich beschreiben. | | S. 112, 113 |
| Die Grundbegriffe der Fuge kann ich erläutern und grafisch darstellen. | | S. 113, 114 |
| Ich kenne den Aufbau von Menuett und Rondo. | | S. 115 |
| Die Einzelteile der Sonatenhauptsatzform kann ich nennen, ihren Aufbau kann ich unter Verwendung der Fachbegriffe genau erklären. | | S. 116, 117 |
| Die Entwicklung der Sinfonie kann ich darstellen und bedeutende Komponisten nennen. | | S. 117 |
| Die Geschichte der Oper kann ich zusammenfassen und die Unterschiede zum Musical und Ballett erklären. | | S. 118–120 |

# 7 Musik-Produktion

## 7.1 Programmmusik

Unter Programmmusik versteht man Werke, denen ein außermusikalischer Inhalt zugrunde liegt. Vor allem im 19. Jahrhundert wurde viel Programmmusik komponiert. Meist kann man schon am Titel des Stücks erkennen, dass es sich um solche handelt. Als musikalische Gattung entsteht aus der Programmmusik die meist einsätzige **Sinfonische Dichtung**.

Die außermusikalischen Inhalte können sein:
- Stimmungen und Gefühle
- Beschreibung von Landschaften, Jahreszeiten etc.
- Geschichten, Sagen, Gedichte, Bilder

Die bekanntesten Werke der Programmmusik sind:

| Komponist | Werk | Inhalt |
|---|---|---|
| Bedřich Smetana | Die Moldau | Beschreibung des Flussverlaufes |
| Paul Dukas | Der Zauberlehrling | Gedicht von J. W. von Goethe |
| Richard Strauss | Till Eulenspiegel | Beschreibung verschiedener Szenen |
| Hector Berlioz | Symphonie fantastique | Stationen aus dem Leben eines Künstlers |
| Modest Mussorgsky | Bilder einer Ausstellung | verschiedene Bilder des Malers Viktor Hartmann |
| Arthur Honegger | Pacific 231 | Fahrt eines Zuges durch die USA |

| | | |
|---|---|---|
| Camille Saint-Saëns | Karneval der Tiere | Beschreibung verschiedener Tiere |
| Sergej Prokofjew | Peter und der Wolf | Märchen |

## 7.2 Filmmusik

Bereits die erste öffentliche Filmvorführung 1895 wurde von Musik begleitet. Zu Beginn wurde kein Wert darauf gelegt, welche Musik ein begleitender Musiker auf dem Klavier zum Film spielt, aber ab 1910 wurden Filme mit stimmungsvoller, zum Film passender Musik untermalt. Ende der 1920er Jahre kommt der Tonfilm auf, eine Live-Untermalung durch Musiker oder Orchester fällt weg. Der Beruf des Filmkomponisten entsteht.
Bis heute sind Kinofilm und Filmmusik untrennbar miteinander verbunden. In den letzten 20 Jahren trat der kommerzielle Faktor der Filmmusik immer stärker in den Vordergrund. Die Musik wurde nicht mehr nur für den Film komponiert, sondern auch als **Soundtrack** selbstständig vermarktet.
Filmmusik kann

a die Wirkung der Bilder verstärken,

b auf Dinge hinweisen, die im Film selber nicht zu sehen sind.



| Techniken der Filmmusik | |
|---|---|
| Leitmotivtechnik | Jeder Person im Film wird ein musikalisches Motiv zugeordnet. Beim Erklingen dieses Motivs erinnert man sich an die Person. |
| Underscoring | Die Musik stellt genau dar, was gerade passiert. |
| Mickey-Mousing | Jede Bewegung im Film wird von der Musik gespielt. |
| Mood-Technik | Die Stimmungen einer gesamten Szene werden dargestellt. |
| Kontrast | Die Musik passt in keiner Weise zum Film. Die Wirkung des Inhalts wird dadurch verstärkt. |

## 7.3 Musik in der Werbung

In der Werbung wird Musik eingesetzt, um die Wirkung der Bilder zu erhöhen und damit den Absatz eines Produktes zu verbessern.
Ein Werbespot im Fernsehen ist etwa 30 Sekunden lang und sehr teuer. Im Gegensatz zu einer gedruckten Anzeige, die man sich beliebig lange ansehen kann, muss ein Werbespot in diesen 30 Sekunden wirken, um erfolgreich zu sein. Dabei spielt die Musik, besonders, wenn sie eingängig ist, eine bedeutende Rolle.

| Musik-Formen in der Werbung | |
|---|---|
| Kurzmotiv | Das Motiv dient als Erkennungssignal und sollte so eingängig sein, dass es schon nach einmaligem Hören wiedererkannt werden kann. |
| Jingle | Der Jingle ist ein kurzer, meist gesungener Werbeslogan. |
| Werbelied, Werbeschlager | Im Werbelied wird die gesamte Botschaft der Werbung gesungen. Es kommt besonders häufig in der Radiowerbung vor. |
| Hintergrundmusik | Durch die Hintergrundmusik wird eine bestimmte positive Stimmung erzeugt, die Interesse hervorrufen soll. |
| Popsong, Hit | Erfolgreiche Popsongs finden oft Verwendung in der Werbung, ihr Bekanntheitsgrad soll sich auf das Produkt übertragen. Oft werden Popsongs auch erst durch ein Werbeprodukt erfolgreich. |

## 7.4 Musik und Computer

Musik und Computer gehören heutzutage zusammen. Musik-CDs und DVDs können mithilfe des Computers angehört, betrachtet und auch selbst erstellt („gebrannt“) werden. Aber auch Video-Clips können betrachtet werden. Computerspiele werden häufig, neben Geräuschen, auch mit Musik unterlegt.

Der Computer dient aber auch dazu, Musik zu komponieren und elektronische Musikinstrumente zu steuern. Das geschieht mithilfe der Schnittstelle **MIDI** (Musical Instrument Digital Interface). MIDI-Daten enthalten im Gegensatz zu Audio-Kängen (z. B. AIFF- oder WAV-Dateien) keine konkreten Klänge, sondern nur Befehle über die Höhe, die Dauer, die Lautstärke und die Art des Klanges. Musikstücke können über ein Keyboard in den Computer eingegeben und mit verschiedenen Programmen weiterverarbeitet werden. Alle modernen Musik-Programme verstehen heute die MIDI-Befehle.
Der Computer wird auch als **Sequenzer** (engl.: Tonfolgespeicher) verwendet. Mit entsprechenden Programmen können Klänge aufgenommen und verändert werden.
Beim **Sampling** wird eine kurze Sequenz aus einem Musikstück (Sample) aufgenommen und in Schleifen (Loops) ständig wiederholt. Diese Technik wird vor allem im Hip Hop verwendet.

Für den Computer gibt es zahlreiche CD-ROMS, die über Musik informieren (digitale Lexika). Darüber hinaus gibt es Lernprogramme für Musiktheorie (z. B. zum Üben von Intervallen).



## 7.5 Musik in den Medien

Radiosender haben eine bestimmte Zielgruppe. Mit ihrer eigenen **Musikfarbe** richten sie sich auf diese Zielgruppe und deren Geschmack aus. Daneben gibt es das Informationsradio, das auf Musik fast vollständig verzichtet. Lediglich kurze Musikausschnitte und Jingles sind zu hören.
Die Musikfarbe eines Radiosenders ist zum Beispiel:

- Jazz
- leichte Klassik
- die größten Hits der 60er Jahre
- Hip Hop und Soul
- leichte Unterhaltungsmusik

Im Fernsehen spielt die Musik vor allem auf den Kulturkanälen (arte, 3sat usw.) und auf den Jugendkanälen (VIVA, MTV) eine Rolle. Wird auf den Kulturkanälen vorwiegend klassische Musik und Jazz gespielt, ist auf den Jugendkanälen fast ausschließlich die Musik der 10- bis 25-Jährigen zu hören.
**Videoclips** werden den Musiksendern von der Musikindustrie kostenlos zur Verfügung gestellt. Indem sie gesendet werden, wird für die jeweilige Band kostenlos Werbung gemacht.

In Zeitungen kann man im Ressort „Feuilleton" über Musik lesen. Hier finden sich rückblickende, wertende Beschreibungen von Klassik- und Popkonzerten (sogenannte **Konzertkritiken**). Diese können positiv oder negativ ausfallen. Auch Theater-, Ballett- und Opernaufführungen werden hier besprochen. Daneben gibt es Ankündigungen und Werbeanzeigen für Konzerte.

Seit die Übertragungsraten deutlich schneller geworden sind, hat auch die Musik aus dem und im Internet eine besondere Bedeutung gewonnen. Zum einen finden sich im Internet zahlreiche Informationen zu allen musikalischen Themen und Musikern. Zum anderen kann man sich heute fast jeden beliebigen Song aus dem Internet herunterladen (zumeist unter Missachtung des Urheberrechts). Neben den offiziellen Seiten der Musikindustrie, bei denen man gegen eine Gebühr Musikstücke kaufen kann, gibt es zahlreiche „inoffizielle" Tauschbörsen, wo es diese Musikstücke kostenlos gibt. Seit der Verschärfung des Urheberrechts haben offizielle **Musikbörsen** mehr und mehr Erfolg.
Die Musik im Internet steht heute meistens noch im mp3-Format. Dieses Format ist eine Komprimierungstechnik, die eine **Musikdatei** auf ein Zehntel ihrer ursprünglichen Größe reduziert und so den Versand über das Internet in relativ kurzer Zeit möglich macht. Bei der Komprimierung werden hohe Frequenzen, die für das menschliche Ohr kaum hörbar sind, weggelassen. Dadurch kommt es aber zwangsläufig zu einem auf guten HiFi-Anlagen hörbaren Klangverlust.

## Teste dein Wissen!

| Kapitel „Musikproduktion“ | O. K. ✓ | Das muss ich noch mal lesen |
|---|---|---|
| Ich kann den Begriff „Programmmusik“ erklären und einige bekannte Werke sowie ihre Inhalte und Komponisten nennen. | | S. 122, 123 |
| Ich kann zu den Techniken der Filmmusik Stellung nehmen. | | S. 123 |
| Die unterschiedlichen Formen der Werbemusik kann ich erläutern. | | S. 124 |
| Ich kann darstellen, in welcher Form Musik in den unterschiedlichen Medien (Zeitung, Radio, Fernsehen, Internet) vorkommt und dazu Details erklären. | | S. 125, 126 |

# 8 Kurzbiografien

BACH, JOHANN SEBASTIAN, geb. 21.03.1685 in Eisenach, gestorben 28.07.1750 in Leipzig, stammte aus einer thüringischen Musikerfamilie, der Vater war Hof- und Stadtmusiker in Eisenach. Nach dem Tod der Eltern wächst er bei seinem älteren Bruder auf und lernt Violine, Klavier und Orgel. 1703 ist er Hofmusiker und -organist in Weimar, dann bis 1706 Organist in Arnstadt, von 1707 bis 1708 Organist in Mühlhausen und ebenfalls als Organist von 1708 bis 1717 (seit 1714 als Konzertmeister) am Hof in Weimar. 1717 bis 1722 ist er in Köthen als fürstlicher Kapellmeister tätig, bevor er 1723 bis 1750 Kantor an der Thomaskirche und -schule in Leipzig wird. Zu Lebzeiten war er vor allem wegen seines Cembalo- und Orgelspiels bekannt, er verstand sich auf das mehrstimmige (polyphone) Improvisieren. Eine große Anzahl seiner Kompositionen sind zu Standardwerken klassischer Musik geworden. Er schrieb zahlreiche Orgel- und Klavierwerke, darunter das „Wohltemperierte Klavier", die „Kunst der Fuge", die „Brandenburgischen Konzerte", geistliche Werke und das „Weihnachtsoratorium".

BARTÓK, BÉLA, geb. 1881, gest. 1945, ungarischer Komponist und Pianist, verband klassische Musik und Volksmusik miteinander, komponierte sechs Klavierhefte „Mikrokosmos".

BEETHOVEN, LUDWIG VAN, geb. vermutlich 16.12.1770 in Bonn, gest. 26.03.1827 in Wien, entstammte einer Musikerfamilie, lernte beim Vater Klavier, 1784 Bratschist in der Bonner kurfürstlichen Kapelle, 1785 Hoforganist, 1792 Übersiedlung nach Wien,

Niederlassung als freier Künstler und Unterricht bei Joseph Haydn. 1795 tritt ein Gehörleiden auf, das bis 1819 zur völligen Taubheit führt. 1795 erster öffentlicher Auftritt mit eigenen Klavierkompositionen, 1800 wird seine erste Sinfonie aufgeführt, seit 1809 bekommt er eine monatliche Rente, 1824 wird die 9. Sinfonie uraufgeführt. 1826 erkrankt Beethoven und stirbt 1827. Beethovens erste Schaffensperiode (1786–1803) war noch stark von Haydn und Mozart beeinflusst. In dieser Zeit schrieb er Klavier- und Violinsonaten, Streichquartette und seine erste Sinfonie. In seiner zweiten Schaffensperiode (1803–1815) entwickelte er einen eigenen Stil. Es entstanden die Sinfonien 2 – 8, Sonaten, Klavier- und Violinkonzerte, Messen, Lieder und Oratorien, die Oper „Fidelio". Seine letzte Schaffensperiode war durch die Krankheit von Stillstand gekennzeichnet.

Berg, Alban, geb. 1885, gest. 1935, österreichischer Komponist, bekanntestes Werk: die Oper „Wozzek" (1914).



Berlioz, Hector, geb. 1803, gest. 1869, französischer Komponist, bekannteste Werke: „Symphonie fantastique" (1830), „Requiem" (1837).

Bernstein, Leonard, geb. 1918, gest. 1990, amerikanischer Komponist, Dirigent und Pianist, bekanntestes Werk: Musical „West Side Story" (1957).

Boulez, Pierre, geb. 1925, französischer Komponist und Dirigent, Vertreter der seriellen Musik.

Brahms, Johannes, geb. 07.05.1833 in Hamburg, gest. 03.04.1897 in Wien, Sohn eines Stadtmusikanten, wurde von Robert Schumann gefördert, nach vorübergehender Dirigententätigkeit in Hamburg und Detmold ab 1862 in Wien tätig, Leiter der Singakademie und der Konzerte der Musikgesellschaft, starb 1897. In seiner Musik bekannte sich Brahms zu den traditionellen Formen der Kammermusik und Sinfonie, formte jedoch vor allem aufgrund seiner Rhythmik und seiner Vorliebe für Terzen- und Sextenverarbeitung einen individuellen Stil, der ihn zum Gegenpol der Schule um Wagner und Liszt (neudeutsche Schule) werden ließ. Bekannteste Werke: „Ein deutsches Requiem", 4 Sinfonien, Solokonzerte, Kammermusik, Klavierwerk, Lieder und Chorwerke.

Bruckner, Anton, geb. 04.09.1824 in Ansfelden (Österreich), gest. 11.10.1896 in Wien, Sängerknabe in St. Florian, 1850 bis 1855 Hilfslehrer und Organist, 1855 bis 1868 Domorganist in Linz, 1868 Professor für Musiktheorie am Wiener Konservatorium. Bruckners Werke sind von einer tiefen Frömmigkeit geprägt, seine Verehrung für Wagner ließ ihn ins Kreuzfeuer zwischen neudeutsch (Wagner, Liszt) und altdeutsch (Brahms) geraten. Bekannteste Werke: 9 Sinfonien, Messen, ein Streichquintett, Orgelmusik.

Chopin, Frédéric, geb. 1810, gest. 1849, polnischer Komponist und Pianist, berühmt geworden wegen seiner Klavierkompositionen.

Debussy, Claude, geb. 1862, gest. 1918, französischer Komponist des Impressionismus („La Mer").

Dvořák, Antonín, geb. 1841, gest. 1904, tschechischer Komponist, bekanntestes Werk: 9. Sinfonie „Aus der neuen Welt" (1893).

Gershwin, George, geb. 26.09.1898 in New York, gest. 11.07.1937 in Beverly Hills, USA, komponierte und spielte als junger Mann Schlager, die ersten großen Erfolge hat er 1924 mit dem Musical

„Lady be good" und mit dem heute weltbekannten Musikstück „Rhapsody in blue". Die Oper „Porgy and Bess" (1935) wird ein weiterer großer Erfolg und gilt als erste bedeutende amerikanische Oper überhaupt. Gershwin hat über 500 Songs geschrieben, von denen bis heute viele sehr beliebt sind, z. B. „Summertime", „s' wonderful", „I got rhythm". Weitere Werke sind „Concert in F" (1925), „Ein Amerikaner in Paris" (1928).

Gluck, Christoph Willibald, geb. 1714, gest. 1787, deutscher Komponist, Vertreter der Opernreform.

Grieg, Edvard, geb. 1843, gest. 1907, norwegischer Komponist, bekanntestes Werk: Peer-Gynt-Suiten (1876).

Händel, Georg Friedrich, geb. 23.02.1685 in Halle (Saale), gest. 14.04.1759 in London, arbeitet zuerst als Organist, von 1703 bis 1706 als Geiger und Organist an der Hamburger Oper, wo 1705 seine eigene erste Oper „Almida" erfolgreich aufgeführt wurde. Ab 1706 studiert und komponiert er in Italien und hat Erfolge mit seinen Opern, geht 1710 nach England, ist dort ab 1719 Leiter verschiedener Opernunternehmungen. 1737 zieht sich Händel aufgrund eines gesundheitlichen Zusammenbruchs ganz aus dem Operngeschäft zurück. Ab 1740 komponiert er zahlreiche große kirchliche Oratorien in englischer Sprache. Händel schrieb insgesamt 42 Opern und 22 Oratorien. Sein bedeutendstes Oratorium ist der „Messias" (1742), das darin enthaltene „Halleluja" ist eines der meistaufgeführten Werke. Daneben entstanden zahlreiche Orgel- und Orchesterwerke. Neben J. S. Bach ist Händel der bedeutendste Musiker des Barock, bereits ein Jahr nach seinem Tod erschien eine Biografie über ihn, die erste Biografie über einen Musiker überhaupt.



Haydn, Joseph, geb. 31.03.1732 in Rohrau (Österreich), gest. 31.05.1809 in Wien, Chorknabe in Hainburg, elfjährig Kapellsänger am Stephansdom in Wien, frühe Bekanntheit durch Klavier- und Streichquartett-Kompositionen, 1761 bis 1790 im Dienst von Fürst Esterházy auf Schloss Esterháza, höchstes Ansehen als Symphoniker und Oratorienkomponist. Seine Kompositionen bilden zusammen mit denen von Mozart und Beethoven den Höhepunkt der Wiener Klassik. Seine Bedeutung liegt in der Entwicklung des Streichquartetts und der Sinfonie; anders als seine Zeitgenossen verwendete er polyphone Kompositionstechniken und entwickelte die Sonatenhauptsatzform. Bekannteste Werke: 104 Sinfonien, 83 Streichquartette (darunter: „Kaiserquartett“ mit der Melodie der deutschen Nationalhymne), Oratorien: „Die Schöpfung“, „Die Jahreszeiten“, Messen.

Josquin Desprez, geb. um 1440, gest. 1521, frankoflämischer Motetten-Komponist.

Lasso, Orlando di, geb. um 1532, gest. 1594, frankoflämischer Komponist, schrieb über 1200 Liedmotetten.

Ligeti, György, geb. 28.05.1923 in Dicsöszentmárton (Ungarn), gest. 12.06.2006 in Wien, war von 1950 bis 1956 Kompositionslehrer an der Musikhochschule Budapest, verlässt Ungarn 1956 aus künstlerischen und politischen Gründen, lebt und arbeitet seitdem in Wien, Berlin und Hamburg. 1961 komponiert er „Atmosphères“ für großes Orchester und wird damit über Europa hinaus bekannt. Von 1973 bis 1989 war er Professor für Komposition an der Hamburger Musikhochschule. Für seine kompositorische Tätigkeit erhielt Ligeti zahlreiche Preise, u. a. 2003 den Theodor W. Adorno-Preis der Stadt Frankfurt am Main.

Liszt, Franz von, geb. 1811, gest. 1886, ungarischer Komponist und Pianist, bekannt geworden mit virtuosen Klavierkompositionen.

Lloyd Webber, Sir Andrew, geb. 1948, britischer Komponist, bekannt geworden durch zahlreiche Musicals, u. a. „Cats“.

Lortzing, Albert, geb. 23.10.1801 in Berlin, gest. 21.01.1851 in Berlin, als Sänger und Schauspieler tätig, 1833–1846 in Leipzig als Sängerschauspieler und Kapellmeister, danach Tätigkeiten in Wien, nochmals Leipzig und ab 1850 wieder in Berlin. Lortzing wurde durch seine Opern bekannt, zu denen er die Textbücher (Libretti) selber schrieb. Melodisch witzige Einfälle und Sinn für publikumswirksame Mittel machten ihn erfolgreich. Seine bekanntesten Werke sind die Opern „Zar und Zimmermann" (1837) und „Der Wildschütz" (1842).

Mahler, Gustav, geb. 07.07.1860 in Kalischt (Böhmen), gest. 18.05.1911 in Wien, Studium in Wien, nach verschiedenen Stationen 1897 bis 1907 Direktor und Dirigent der Wiener Hofoper, Leiter der Philharmonischen Konzerte, 1909 Dirigent der New Yorker Metropolitan Opera und der New Yorker Philharmoniker. In Mahlers Musik spiegelt sich eine große Zerrissenheit und tiefe Sehnsucht nach Erlösung; an der Schwelle zum 20. Jahrhundert stehend führte er die Tradition der klassischen Sinfonie unter Durchbrechung der Viersätzigkeit, Verwendung neuer Klangfarben und Einbeziehung von Chor und Gesang weiter und baute eine Brücke zur Musik Bergs und Schönbergs. Bekannteste Werke: 10 Sinfonien, Lied von der Erde, Orchesterlieder.



Mendelssohn Bartholdy, Felix, geb. 1809, gest. 1847, deutscher Komponist, bekannteste Werke: Sinfonien „Italienische" (1833) und „Schottische" (1842), Oratorium „Elias" (1846).

Messiaen, Olivier, geb. 1908, gest. 1992, französischer Komponist, bekannt geworden durch Orgelkompositionen.

Monteverdi, Claudio, getauft 15.05.1567 in Cremona, Italien, gest. 29.11.1643 in Venedig, war Hofmusiker und Kapellmeister (1601) in Mantua, arbeitete dann in Cremona, ab 1613 Musikdirektor am Markusdom in Venedig. Monteverdi veröffentlichte von 1587 bis 1643 neun Bücher mit Madrigalen, die die Grundlage für die Oper „Orfeo“ wurden. Ihre Uraufführung 1607 markierte den Beginn der Gattung Oper. Seine Kompositionen sind durch eine Unterordnung der Musik unter den Text gekennzeichnet (Monodie).

Mozart, Wolfgang Amadeus, geb. 27.01.1756 in Salzburg, gest. 05.12.1791 in Wien, Sohn des Musikers und Komponisten Leopold Mozart, spielte bereits im Alter von sechs Jahren als Klaviervirtuose mit seiner Schwester Maria Anna („Nannerl“) am Wiener Hof, reiste von 1763 bis 1766 durch deutsche Städte sowie Paris und London, erregte dort in Konzerten großes Aufsehen. Mit 9 Jahren schrieb er seine erste Oper „Apollo und Hyacinthus“, wurde 1769 (im Alter von 13 Jahren) Konzertmeister in Salzburg. Es folgten weitere Reisen nach Italien und durch Deutschland, in dieser Zeit schrieb er zahlreiche Opern, 13 Sinfonien, Klavier- und Violinkonzerte, Sonaten, Messen, Streichquartette und kleinere Musikstücke. 1781 verließ er Salzburg und wurde in Wien am Hof als unabhängiger Komponist angestellt. Hier schuf Mozart weitere Meisterwerke: u.a. die weltweit meistgespielte Oper „Die Zauberflöte“ (1791); das „Requiem“ konnte er nicht mehr selbst vollenden. Mozart war und ist einer der bedeutendsten Komponisten. Sein Werk ist durch einen sehr großen Umfang, melodischen Reichtum, Ausgeglichenheit zwischen Inhalt und Form, Durchsichtigkeit und feinstes Klangempfinden geprägt.

Orff, Carl, geb. 1895, gest. 1982, deutscher Komponist, bekanntestes Werk: szenische Kantate „Carmina Burana“ (1936).

Palestrina, Giovanni Pierluigi da, geb. um 1522 in Palestrina (Italien), gest. 02.02.1594 in Rom, war 1544 bis 1551 Gesangslehrer in Palestrina, 1555 Mitglied der päpstlichen Kapelle in Rom, anschließend bis zu seinem Tod Kapellmeister an verschiedenen Kirchen Roms. Sein kompositorisches Schaffen umfasst über 100 Messen, 500 Motetten und 100 Madrigale und ist von besinnlicher, andachtsvoller Musik geprägt.

PROKOFJEW, SERGEJ, geb. 1891, gest. 1953, russischer Komponist, bekannteste Werke: „Peter und der Wolf" (1936), Ballett „Romeo und Julia" (1938).

RAVEL, MAURICE, geb. 07.03.1875 in Ciboure (Frankreich), gest. 28.12.1937 in Paris, lebte zurückgezogen und ohne öffentliche Stellung, war Pianist und Dirigent im In- und Ausland, besonders erfolgreich 1928 in den USA. Mit seinen Kompositionen ist er, gemeinsam mit Claude Debussy, Hauptvertreter des französischen musikalischen Impressionismus. Typisch für seine Werke sind satztechnische Strenge und raffinierte Formverläufe. Seine Orchesterfassung von Mussorgskijs Klavierwerk „Bilder einer Ausstellung" erlangte große Berühmtheit und wird bis heute viel gespielt. Sein bekanntestes Werk ist der „Bolero" (1920).

SAINT-SAËNS, CAMILLE, geb. 1835, gest. 1921, französischer Komponist, bekanntestes Werk: „Karneval der Tiere" (1886).



SCHÖNBERG, ARNOLD, geb. 13.09.1874 in Wien, gest. 1951, als Komponist weitgehend Autodidakt, ab 1903 als Komponist, Dirigent und Lehrer (u. a. von Alban Berg, Anton v. Webern, Hanns Eisler) in Wien, 1918 Gründer des „Vereins für musikalische Privataufführungen" in Wien, 1925 Leiter der Meisterklasse für Komposition an der Berliner Akademie der Künste, 1933 Emigration nach Los Angeles, ab 1944 freischaffender Komponist und Privatlehrer. Schönbergs Musik beginnt in der ausgehenden Spätromantik, sprengt dann die Grenzen der Tonalität und führt zur 1925 entwickelten Zwölftontechnik, die für die gesamte Musik des 20. Jahrhunderts wegweisend sein sollte. Bekannteste Werke: „Verklärte Nacht" (1899), „Pierrot lunaire" op. 21 (1912), „Ein Überlebender aus Warschau", Oper „Moses und Aron".

Schostakowitsch, Dimitrij, geb. 1906, gest. 1975, russischer Komponist, Werke: Leningrader Sinfonie, 8. Streichquartett.

Schubert, Franz, geb. 31.01.1797 in Liechtenthal, gest. 19.11.1828 in Wien (Österreich), 1813 bis 1817 Schulgehilfe bei seinem Vater, danach freischaffender Komponist in Wien, zeitweilig Hauslehrer der Fürstenfamilie Esterházy in Zelesz (Ungarn). Als Komponist weitgehend Autodidakt, selbst als seine Werke bereits erfolgreich verlegt wurden, ging es Schubert wirtschaftlich immer schlechter, einzig in seinem Freundeskreis fand er gebührende Anerkennung („Schubertiaden"). Schuberts Werk erreichte vor allem in seinem Liedschaffen und in der Kammermusik einen selten hohen Rang; zwischen Wiener Klassik und Romantik stehend, entwickelte er mit seinem Melodienreichtum einen ungewöhnlich individuellen Stil. Bekannteste Werke: Forellenquintett, Liederzyklen („Winterreise"), Klaviermusik, Kammermusik, Sinfonien („Die Unvollendete").

Schumann, Robert, geb. 08.06.1810 in Zwickau, gest. 29.07.1856 in Endenich bei Bonn. 1843 wurde er Lehrer am Leipziger Konservatorium, 1847 Dirigent der Liedertafel Dresden, 1850 bis 1854 städtischer Musikdirektor in Düsseldorf. 1854 unternahm er einen Selbstmordversuch und lebte anschließend bis zu seinem Tod in der Heilanstalt Endenich. Bekannt wurde Schumann durch seine Klavierkompositionen. Jedes einzelne kleine Stück war Ausdruck einer momentanen Stimmung und hatte oft eine liedhafte Melodik. Bekannteste Werke: Klavieralben „Kinderszenen" 1838 und „Album für die Jugend", 4 Sinfonien, zahlreiche andere virtuose Klavierwerke, Lieder, Kammermusik.

Schütz, Heinrich, geb. 1585, gest. 1672, deutscher Komponist des Frühbarock.

Smetana, Bedřich, geb. 1824, gest. 1884, tschechischer Komponist, bekanntestes Werk: „Die Moldau".

Stockhausen, Karlheinz, geb. 1928, gest. 2007, deutscher Komponist der experimentellen Musik, bekanntestes Werk: „Gesang der Jünglinge im Feuerofen“ (1956).

Strauss, Richard, geb. 1864, gest. 1949, dt. Komponist von Opern („Salome“) und Programmmusik („Till Eulenspiegel“).

Strawinski, Igor, geb. 1882, gest. 1971, russischer Komponist, bekanntestes Werk: das Ballett „Le Sacre du printemps“ (1913).

Tschaikowsky, Peter Iljitsch, geb. 07.05.1840 in Wotkinsk (Ural), gest. 06.11.1893 in Petersburg, studierte 1863 am Petersburger Konservatorium Komposition, von 1866 bis 1877 Theorielehrer am Moskauer Konservatorium, Brieffreundschaft mit seiner Gönnerin Frau v. Meck, die ihm zehn Jahre lang ein Jahresgeld von 6000 Rubeln zukommen ließ. Ab 1888 Jahresgeld des Zaren, Gastdirigent in Russland, Europa und 1891 in den USA, unter mysteriösen Umständen zu Tode gekommen. Tschaikowskys Musik zeichnet sich durch eine große Leidenschaftlichkeit und Melancholie aus. Bekannteste Werke: Ballette („Schwanensee“), 6 Sinfonien (darunter Nr. 6 „Pathétique“), Solokonzerte, Opern, Kammermusik.



Verdi, Giuseppe, geb. 10.10.1813 in Roncole bei Busseto (Italien), gest. 27.01.1901 in Mailand, erhielt eine private Musikausbildung und hatte 1842 an der Mailänder Scala seinen ersten großen Erfolg mit der patriotischen Oper „Nabucco“, deren Gefangenenchor weltberühmt wurde. In einer zweiten Schaffensperiode treten die Chorgesänge zugunsten von melodisch durchgearbeiteten Einzelgesängen in den Hintergrund (Opern „Rigoletto“ 1851, „Der Troubadour“ 1853, „La Traviata“ 1853). Seine dritte Phase ist durch eine gleichberechtigte Aussageform zwischen Orchester und Gesang geprägt. Von Verdis 26 Opern wurden viele weltbekannt. Daneben schuf er ein Requiem (Totenmesse), ein Streichquartett und Lieder.

Vivaldi, Antonio, geb. 04.03.1678 in Venedig, gest. 28.07.1741 in Wien, wurde 1703 Priester und Violinmeister (ab 1716 Konzertmeister) am Konservatorium in Venedig, lebte von 1723 bis 1725 in Rom und reiste nach Wien, Prag und Amsterdam. Er konnte in seinen Kompositionen Stimmungen wiedergeben, bekanntestes Beispiel sind „Die vier Jahreszeiten“ (1725). Vivaldi schrieb 344 Solokonzerte. Erst 1920 wurden Vivaldis Werke dank zweier großer Musikalienfunde wieder neu entdeckt.

Wagner, Richard, geb. 22.05.1813 in Leipzig, gest. 13.02.1883 in Venedig, musikalische Ausbildung in Leipzig, Kapellmeister in Würzburg, Magdeburg, Riga, 1839 bis 1842 in Paris, 1842 erster Erfolg mit der Oper „Rienzi“ in Dresden, Stellung als Hofkapellmeister. 1848 Flucht in die Schweiz, Anstellungen in Venedig, Paris, Wien, Weimar, 1864 Berufung nach München, 1866 bis 1872 in Triebschen (Schweiz), 1872 Übersiedlung nach Bayreuth, Grundsteinlegung des Festspielhauses, 1876 Eröffnung mit der Aufführung des „Ring der Nibelungen“. Wagners Musik spaltete im 19. Jahrhundert die musikalische Welt in Verehrer (Wolf, Liszt) und Gegner (Brahms, Hanslick). Seine Opern streben nach dem Ideal der „unendlichen Melodie“, indem sie unter Verwendung sogenannter Leitmotive und reichhaltiger Harmonik den Ausdrucksbereich in bis dahin nicht dagewesene Dimensionen erweitern. Bekannteste Werke: Der Ring der Nibelungen, Die Meistersinger von Nürnberg, Tristan und Isolde.

Weber, Carl Maria von, geb. 1786, gest. 1826, deutscher Komponist, bekanntestes Werk: die Oper „Der Freischütz“ (1821).

Webern, Anton von, geb. 1883, gest. 1945, österreichischer Komponist und Schüler Schönbergs.

## Teste dein Wissen!

| Kapitel „Komponisten-Biografien" | O. K. ✓ | Das muss ich noch mal lesen |
|---|---|---|
| Ich kann die Lebensdaten und -stationen Johann Sebastian Bachs nennen. | | S. 128 |
| Ich kann den Lebenslauf Ludwig van Beethovens und seine bedeutendsten Werke wiedergeben. | | S. 128, 129 |
| Ich kann Anton Bruckners Außenseiterrolle erklären und seine Lebensdaten nennen. | | S. 130 |
| Ich kann George Gershwins wichtigste Opern und Lieder aufzählen. | | S. 130, 131 |
| Ich kann die Lebensdaten und -stationen Georg Friedrich Händels nennen. | | S. 131 |
| Ich kenne die Besonderheiten Joseph Haydns Kompositionen und kann seine Lebensdaten nennen. | | S. 131, 132 |
| Die Besonderheiten der Musik Gustav Mahlers kann ich wiedergeben. | | S. 133 |
| Ich kann die Lebensdaten und die einzelnen Lebensstationen Wolfgang Amadeus Mozarts benennen sowie wichtigste Werke aufzählen. | | S. 134 |
| Arnold Schönberg kann ich als wichtigsten Vertreter der Moderne darstellen. | | S. 135 |
| Ich kann die wichtigsten Werke Franz Schuberts nennen. | | S. 136 |
| Die Lebensstationen Robert Schumanns kann ich darstellen. | | S. 136 |
| Die Besonderheiten des Lebens Peter Iljitsch Tschaikowskys kann ich erklären. | | S. 137 |
| Giuseppe Verdis Lebensdaten und einige seiner Opern kann ich aufzählen. | | S. 137 |
| Ich kann die Lebensdaten und -stationen Richard Wagners benennen und seine bekanntesten Werke aufzählen. | | S. 138 |

## Stichwortverzeichnis